«Con discernimiento e in
Rebecca McLaughlin nos m
toda Su ternura, majestad, co
tura esencial y maravillosa».

—*SAM ALLBERRY*, pastor y autor

«En lugar de ver a las mujeres como riesgos, inconvenientes o cargas, Jesús las invita a acercarse. Con su característica mezcla refrescante de erudición y empatía, Rebecca McLaughlin nos invita a examinar las historias de mujeres entretejidas en todo el ministerio de Jesús, en busca de los hilos en común de la buena noticia. Así, emerge un mensaje claro y resuelto: "Dejen que las mujeres vengan a mí". Aquí encontrarás instrucción y aliento para mujeres y hombres por igual, que busquen vivir como hermanos y hermanas en la familia de Dios».

—*JEN WILKIN*, autora y maestra bíblica

LAS MUJERES QUE CAMINARON CON JESÚS

Cómo las primeras discípulas
nos ayudan a conocer y amar al Señor

REBECCA McLAUGHLIN

ESPAÑOL
BRENTWOOD, TENNESSEE

Las mujeres que caminaron con Jesús: Cómo las primeras discípulas
nos ayudan a conocer y amar al Señor

Copyright © 2024 por Rebecca McLaughlin
Todos los derechos reservados.
Derechos internacionales registrados.

B&H Publishing Group
Brentwood TN, 37027

Diseño de portada: Lindy Martin, Faceout Studio
Foto centro portada: Sailko/Wikipedia Commons
Dirección artística: Brannon McAllister y Gabriel Reyes-Ordeix

Clasificación Decimal Dewey: 232.95
Clasifíquese: JESUCRISTO \ MUJERES \ MUJERES EN LA BIBLIA

A menos que se indique de otra manera, las citas bíblicas marcadas NBLA
se tomaron de la Nueva Biblia de las Américas (NBLA), Copyright © 2005
por The Lockman Foundation. Usadas con permiso.

Las citas bíblicas marcadas NVI se tomaron de La Santa Biblia, Nueva
Versión Internacional®, © 1999 por Biblica, Inc.®. Usadas con permiso.
Todos los derechos reservados.

Las citas bíblicas marcadas RVR1960 se tomaron de la versión *Reina-Valera
1960*® © 1960 por Sociedades Bíblicas en América Latina; © renovado 1988
Sociedades Bíblicas Unidas. Usadas con permiso. *Reina-Valera 1960*® es una
marca registrada de las Sociedades Bíblicas Unidas y puede ser usada solo
bajo licencia.

El énfasis en todos los versículos bíblicos fue agregado por el autor.

ISBN: 978-1-0877-8712-1

Impreso en EE. UU.
1 2 3 4 5 * 27 26 25 24

CONTENIDO

Para Grace,
quien pronto verá a Jesús

INTRODUCCIÓN

EN 1896, en un mercado de antigüedades en El Cairo, un vendedor de manuscritos vendió un antiguo papiro. El comprador era un erudito alemán llamado Carl Reinhardt. El vendedor le dijo que un campesino había encontrado el libro en un nicho de una pared. Pero no es probable que esta romántica historia sea verdad. El papiro data del siglo v y estaba tan bien preservado que es imposible que haya pasado 1500 años al aire libre. Cuando Reinhardt examinó el manuscrito, descubrió que contenía cuatro textos antiguos desconocidos hasta el momento, incluida una copia parcial de un libro que se llegó a conocer como el Evangelio de María.

Dos fragmentos más del Evangelio de María se han descubierto desde entonces, y los expertos creen que se escribió originalmente en el siglo II. En cada copia, faltan secciones considerables de texto. Pero lo que queda habla de una reunión entre Jesús y Sus discípulos después de Su resurrección. Una discípula, María, ha recibido una revelación especial de Jesús. Pero cuando María comparte lo que Jesús le ha revelado, Pedro la acusa de mentir. No cree que Jesús pudiera darle esta revelación a una mujer. María llora ante la acusación.

Su experiencia se hace eco en la de incontables mujeres a lo largo de los últimos 2000 años, que han sido desestimadas y desvalorizadas por sus hermanos en Cristo. Es más, algunos ven al cristianismo como fundamentalmente machista: algo que silencia, margina y pisotea a las mujeres. En la escuela secundaria de mujeres a la que asistí, y luego en la Universidad de Cambridge, tuve muchas conversaciones con mujeres y hombres que pensaban que los derechos de la mujer son incompatibles con el cristianismo; o, al menos, con cualquier forma de cristianismo que se aferre a la Biblia como su fuente de verdad. Ahora vivo en Cambridge, Massachusetts. Pero la percepción del cristianismo entre muchos de mis pares sigue siendo la misma: es necesario que caiga la crisálida del cristianismo para que la mariposa de los derechos de la mujer pueda remontar vuelo.

Para algunos eruditos, el Evangelio de María y otros llamados Evangelios gnósticos le ofrecen al cristianismo un bote salvavidas en lo que se refiere a las mujeres. Es más, algunos han sugerido que los líderes de la iglesia primitiva sofocaron la versión más orientada a las mujeres del cristianismo que preservan textos como el Evangelio de María. Pero en este libro, quiero argumentar que, lejos de suprimir la voz de las mujeres y desvalorizar sus vidas, los Evangelios del primer siglo de Mateo, Marcos, Lucas y Juan nos conectan con el testimonio de las mujeres que conocieron a Jesús en persona hace 2000 años, y que el Jesús que vemos a través de sus ojos es más hermoso, más históricamente preciso y más valorador de las mujeres que cualquier cosa que pueda ofrecer el Evangelio de María.

EL EFECTO DE JESÚS SOBRE LAS MUJERES

Los cuatro Evangelios del Nuevo Testamento cuentan muchas historias sobre cómo Jesús se relacionaba con las mujeres. Mujeres pobres. Mujeres ricas. Mujeres enfermas. Mujeres sufrientes. Mujeres ancianas. Mujeres jóvenes. Mujeres judías. Mujeres gentiles. Mujeres conocidas por su pecaminosidad. Mujeres conocidas por su virtud. Vírgenes y viudas. Prostitutas y profetisas. Al mirar a través de Sus ojos, vemos a un hombre que valoraba a las mujeres de toda clase; en especial, a las vilipendiadas por los demás. Por cierto, el trato de Jesús para las mujeres destruyó la idea de que ellas son inherentemente inferiores a los hombres; una creencia que predominaba en el mundo antiguo. Por lo tanto, no debería sorprendernos que las mujeres hayan acudido en masa a Jesús desde entonces.

En sus primeros siglos, al cristianismo se lo conocía por su atractivo para las mujeres y los esclavos. El gobernador romano Plinio el Joven le escribió al emperador Trajano al principio del segundo siglo, pidiéndole consejo sobre cómo manejar a los cristianos. Para descubrir más sobre la extraña nueva fe que infectaba su región, Plinio había torturado «a dos esclavas a las que llamaban diaconisas». Esta biopsia de la iglesia era representativa de sus miembros. Mientras que a las mujeres y a los esclavos se los descartaba en la cultura grecorromana, bien podían tener posiciones significativas de liderazgo en la iglesia, como estas dos mujeres esclavizadas a las que se reconocía como diaconisas. Cuando el filósofo griego del segundo siglo, Celso, dijo sarcásticamente que los cristianos «quieren y pueden convencer solo a los insensatos, los deshonrosos y estúpidos, solo a esclavos, mujeres y niños», estaba pintando una caricatura, pero que estaba muy arraigada en la verdad.[1] Es más, de la evidencia más temprana sobre la composición de la iglesia hasta los mejores datos que tenemos hoy, parece que Jesús siempre ha sido más atractivo para las mujeres que para los hombres.

Los registros de una iglesia en el norte de África que fue asaltada durante la Gran Persecución —que duró

---

1. Ver Michael J. Kruger, *Christianity at the Crossroads: How the Second Century Shaped the Future of the Church* (Downers Grove, IL: ivp Academic, 2018), 34-35.

desde 303 a 313 d. C.— documentan el embargo de una cantidad desproporcionada de ropa femenina: trece pares de zapatos de hombre contra cuarenta y siete pares de mujer; dieciséis túnicas de hombre contra ochenta y dos de mujer; y treinta y ocho tocados.[2] Probablemente, esta ropa era para los pobres. Pero incluso entre los cristianos pudientes, las mujeres parecen haber superado en número a los hombres. En el período anterior a la conversión del emperador romano Constantino en 337, tenemos los nombres de 40 cristianos de la clase senatorial. Dos tercios de ellos eran mujeres.[3] Entonces, ¿por qué las mujeres se veían atraídas al cristianismo?

En *El triunfo del cristianismo: Cómo una religión prohibida se impuso en el mundo,* el erudito del Nuevo Testamento y escéptico Bart Ehrman explica que, aunque el Imperio romano era extremadamente diverso, sus habitantes compartían algunas suposiciones básicas. «Si uno pudiera encapsular la ética social, política y personal común de la época —escribe Ehrman— sería "dominación"». Y sigue diciendo:

En una cultura de dominación, se espera que aquellos con poder ejerzan su voluntad sobre los débiles.

2. Ver Helen Rhee, *Loving the Poor, Saving the Rich: Wealth, Poverty, and Early Christian Formation* (Grand Rapids, MI: Baker Academic, 2012), 154.

3. Ver Peter Lampe, *From Paul to Valentinus: Christians at Rome in the First Two Centuries* (Minneapolis: Fortress Press, 2003), 119.

Los gobernantes deben dominar a sus súbditos, los dueños de una tienda a sus clientes, los amos a sus esclavos, los hombres a sus mujeres.[4]

Pero el cristianismo trastocó esta creencia. Como lo expresa Ehrman:

Los líderes de la iglesia cristiana predicaban e instaban a una ética de amor y servicio. Una persona no era más importante que la otra. Todos eran iguales ante Dios: el amo no era más significativo que el esclavo, el dueño que el cliente, el esposo que la esposa, el poderoso que el débil, o el fuerte que el enfermo.[5]

Esta inversión ética, basada en las palabras y las acciones de Jesús, hizo que el cristianismo fuera especialmente atractivo para las mujeres en el mundo antiguo y formó la base de nuestra creencia moderna de que las mujeres son fundamentalmente iguales que los hombres. Lejos de ser incompatible con los derechos de la mujer, el cristianismo es su primer y mejor fundamento.

En los últimos dos milenios, el cristianismo ha pasado de ser la fe de una pequeña minoría a ser el sistema de

---

4. Bart Ehrman, *The Triumph of Christianity: How a Forbidden Religion Swept the World* (Nueva York: Simon & Schuster, 2018), 5.

5. Ehrman, *Ibid.*, 5-6.

creencias más extendido y diverso en cuanto a lo racial y cultural en el mundo. Y el efecto magnético de Jesús sobre las mujeres no ha disminuido. Un informe de 2015 descubrió que, en todo el mundo, el 33,7 % de las mujeres adultas se identifica como cristiana, contra el 29,9 % de los hombres, y es probable que la desproporción siga creciendo. La iglesia en China es uno de los movimientos cristianos de crecimiento más rápido en el mundo —camino a tener más cristianos que Estados Unidos en los próximos cinco años—, y es desproporcionadamente femenina. Es más, las mujeres cristianas a nivel global tienen una probabilidad significativamente mayor que los hombres de asistir a la iglesia cada semana[6] y orar cada día.[7] También es más probable que lean la Biblia por su cuenta que los hombres, aun si esto conlleva un esfuerzo considerable.[8] Hace

6. Un análisis de 53 países descubrió que el 53 % de las mujeres que se identifican como cristianas dijo que asistía a la iglesia al menos una vez por semana, contra el 46 % de los hombres cristianos. Ver «The Gender Gap in Religion Around the World», Pew Research Center, 22 de marzo de 2016, https://www. pewforum.org/2016/03/22/women -more-likely-than-men-to-affiliatewith-a-religion/.

7. En los 54 países analizados, el 61 % de las mujeres cristianas informaron orar a diario, en comparación con el 51 % de los hombres cristianos. Ver «The Gender Gap in Religion Around the World», https://www.pewforum .org/2016/03/22/women-report-praying-daily-at-higher-ratesthan-men/.

8. La encuesta de 2020 de State of the Bible [Estado de la Biblia], comisionada por la Sociedad Bíblica Americana, descubrió que «las mujeres se dedican más a la Escritura que los hombres». Informa que más de la mitad de las mujeres en Estados Unidos (el 52 %) se «llevan bien con la

unos años, una amiga china me dijo que, cuando su abuela analfabeta se convirtió en creyente, empezó a detener a la gente en su edificio de departamentos y a rogarle que la ayudaran a leer unos versículos de su Biblia. Pero ¿acaso esta aceptación del cristianismo les está haciendo bien a las mujeres? ¿O Jesús es como un novio desastroso que las mujeres no pueden dejar, a pesar del daño?

Lejos de ser algo malo para las mujeres, ser activo en la religión (lo cual, para la mayoría en Occidente, incluye una asistencia habitual a la iglesia) parece traer más felicidad y una mejor salud mental. Por ejemplo, un estudio a gran escala publicado por eruditos en la Harvard School of Public Health en 2016 descubrió que las mujeres estadounidenses que asistían a servicios religiosos al menos una vez por semana tenían una probabilidad cinco veces menor de suicidarse que las que nunca asistían.[9] De manera similar, un estudio publicado en 2020 descubrió que las mujeres estadounidenses que asistían a servicios religiosos semanalmente tenían un 68 % menos de probabilidad de morir debido al suicidio, una sobredosis de drogas o al alcohol que aquellas que nunca asistían, mientras que los hombres

---

Biblia», «estudian la Biblia» o están «centradas en la Biblia», en comparación con el 47 % de los hombres estadounidenses.

9. Tyler J. VanderWeele et al., «Association Between Religious Service Attendance and Lower Suicide Rates Among US Women», *JAMA Psychiatry* 73, n.º 8 (2016), https://jamanetwork.com/journals/jamapsychiatry/article-abstract/2529152.

que asistían semanalmente tenían una probabilidad de un 33 % menos de sufrir estas muertes.[10] Sorprendentemente, en Estados Unidos, más de un tercio de los adultos activos en su religión (el 36 %) se describen como «muy felices», en comparación con un cuarto (25 %) de los estadounidenses que no son activos en su religión (es decir, los que se identifican como cristianos pero no asisten a la iglesia) y los que no tienen ninguna afiliación religiosa.[11]

Es más, aunque la limitación bíblica del sexo al matrimonio de por vida a menudo se ha presentado como un chaleco de fuerza poco saludable —que le niega a la mujer (y al hombre) la libertad sexual que se cree que es el camino a la felicidad—, los datos apuntan en la dirección opuesta. Un cuerpo de evidencia cada vez mayor ha mostrado que, para las mujeres específicamente, tener muchos compañeros sexuales está relacionado con niveles más bajos de salud mental y felicidad.[12] Por el contrario,

10. Ying Chen et al., «Religious Service Attendance and Deaths Related to Drugs, Alcohol, and Suicide Among US Health Care Professionals», *JAMA Psychiatry* 77, n.º 7 (2020), https://jamanetwork.com/journals/jamapsychiatry/article-abstract/2765488?mc_cid=469f806293&mc_ eid=796e84b78.

11. Ver «Religion's Relationship to Happiness, Civic Engagement and Health Around the World», Pew Research Center, 31 de enero de 2019, https://www.pewfship-to-happiness-civic-engagement-and-health-around-the-world/.

12. Ver, por ejemplo, Tyree Oredein y Cristine Delnevo, «The Relationship between Multiple Sexual Partners and Mental Health in Adolescent Females», *Journal of Community Medicine & Health Education* 3, n.º 7 (diciembre de 2013), el cual descubrió que «la predominancia de la tristeza, las ideas suicidas, los planes suicidas y los intentos de suicidio aumentan

lejos de estar atascadas en la miseria, las esposas más felices de Estados Unidos son mujeres sumamente religiosas casadas con hombres sumamente religiosos.[13] Las parejas que oran juntas, que leen la Escritura en su casa, que asisten a la iglesia, etc., tienen el doble de probabilidad que sus pares seculares de afirmar que están satisfechos con su relación sexual.[14] Podríamos pensar que el matrimonio cristiano les está robando a las mujeres su libertad sexual. Pero las estadísticas sugieren que está alejando a las mujeres (y a los hombres) del absoluto desastre que es el sexo libre de compromiso.

¿Acaso esto significa que el cristianismo es solo para las vírgenes y las madres felizmente casadas y con cuatro hijos? No. Cuando conocemos a Jesús en los Evangelios, encontramos a un hombre que recibe con brazos

con el número de compañeros sexuales en todos los grupos raciales/étnicos»; y Sandhya Ramrakha et al., «The Relationship between Multiple Sex Partners and Anxiety, Depression, and Substance Dependence Disorders: A Cohort Study», *Archives of Sexual Behavior* 42, n.º 5 (febrero de 2013), https:// www.ncbi.nlm.nih.gov/pmc/articles/PMC3752789, que descubrió «una fuerte asociación entre la cantidad de compañeros sexuales y un posterior trastorno de sustancias, en especial en las mujeres».

13. Ver W. Bradford Wilcox, Jason S. Carroll y Laurie DeRose, «Religious Men Can Be Devoted Dads, Too», *New York Times*, 18 de mayo de 2019, https:// www.nytimes.com/2019/05/18/opinion/sunday/happy-marriages .html.

14. Matthew Saxey y Hal Boyd, «Do "Church Ladies" Really Have Better Sex Lives?», Institute for Family Studies, 16 de noviembre de 2020, https:// ifstudies.org/blog/do-church-ladies-really-have-better-sex-lives.

abiertos a mujeres con mala fama sexual, mientras que les hace frente a hombres con aires de superioridad moral y sexual. Encontramos a un hombre que nació en medio de un escándalo sexual, y que más adelante escandalizó a Sus compatriotas al amar a mujeres conocidas por su pecado sexual. Encontramos a un hombre que nunca tuvo una relación sexual, pero que amó tanto a las mujeres que ellas estuvieron dispuestas a dejar todo para seguirlo. Encontramos a un hombre que les dio la espalda a los hombres con poder religioso de Su época y cuya conversación privada más larga registrada fue con una mujer religiosamente abominada. A lo largo de este libro, veremos a Jesús a través de los ojos de estas mujeres. Pero ¿podemos estar seguros de que lo que leemos sobre Jesús en Sus cuatro biografías en el Nuevo Testamento es acertado, y que los textos como el Evangelio de María no nos ofrecen una visión más auténtica?

¿PODEMOS CONFIAR EN LOS EVANGELIOS?

En su libro revolucionario *Jesus and the Eyewitnesses* [Jesús y los testigos oculares], el erudito británico del Nuevo Testamento, Richard Bauckham, argumenta en forma convincente que los textos de Mateo, Marcos, Lucas y Juan no son el producto de generaciones de tradición oral —como muchos estudiosos del siglo xx supusieron—, sino que preservan para nosotros un testimonio de testigos oculares que conocieron personalmente a Jesús. Este libro tomará muchas ideas de la obra de Bauckham, incluido su excelente *Gospel Women* [Las mujeres de los Evangelios], y argumentará que el testimonio de las mujeres en particular es vital para la historia que relatan los autores de los Evangelios.[15]

El Evangelio de Marcos se suele reconocer como el primero en escribirse, probablemente entre 35 y 45 años después de los eventos que registra. Bauckham observa que esta datación está «bien dentro de la vida de muchos de los testigos oculares», y argumenta que Mateo, Lucas y Juan «se escribieron en el período en el que los testigos oculares iban mermando, exactamente en el momento en que su testimonio perecería con ellos si no se ponía por escrito».[16] Al comparar la manera en que se usan los nombres en los Evangelios con la forma en que se cita a los testigos oculares en otros textos del mismo período, Bauckham argumenta de manera convincente que los autores de los Evangelios están señalando para los lectores las fuentes de las historias que relatan. Pero

---

15. Richard Bauckham, *Jesus and the Eyewitnesses: The Gospels as Eyewitness Testimony* (Grand Rapids, MI: Wm. B. Eerdmans, 2006); Bauckham, *Gospel Women: Studies of the Named Women in the Gospels* (Grand Rapids, MI: Wm. B. Eerdmans, 2002). En 2017, se publicó una segunda edición de *Jesus and the Eyewitnesses*, aunque estaré citando de la primera edición.

16. Bauckham, *Jesus and the Eyewitnesses*, 7.

¿es posible que los testigos oculares realmente recordaran estos sucesos tanto tiempo después de que ocurrieron?

No tengo edad suficiente para recordar cosas que pasaron hace treinta y cinco o cuarenta y cinco años; ni hablar de sesenta años, la brecha probable entre la época en que el autor de Juan pasó tiempo con Jesús y el momento en que escribió su Evangelio. Si tienes menos de cincuenta años, esos períodos de tiempo probablemente te resultan imposiblemente largos. ¡Olvidamos casi todo lo que nos sucedió la semana pasada! Pero mis padres, que tienen más de sesenta años, y mis abuelos, que ya tienen más de ochenta, recuerdan con facilidad los sucesos y las conversaciones más importantes de su adolescencia y juventud; en especial, las cosas que han contado una y otra vez a sus hijos, sus nietos y bisnietos. Mi abuelo, por ejemplo, recuerda el día en que mi madre, cuando era pequeña, insistió en que quería ir caminando sola a la escuela. Mi abuelo la dejó pero la siguió desde cierta distancia. ¡Resultó ser que había planeado encontrarse con un niño que había estado acosando a su hermanita, para pelear con él! Esto sucedió hace casi sesenta años, y aunque no fue un acontecimiento de vida o muerte, quedó grabado en la mente de mi abuelo, y ha contado la historia muy divertido durante décadas. Los discípulos de Jesús se dedicaron a observar lo que hacía y a aprender lo que enseñaba. Esto era un trabajo a tiempo completo, no solo para los doce apóstoles elegidos por

Jesús, sino también para las decenas de personas (incluidas muchas mujeres) que viajaban con Él. Después de la muerte y la resurrección de Jesús, ellos iban de un lugar a otro proclamando lo que habían visto y oído. Cuando los autores de los Evangelios se propusieron escribir los relatos de la vida de Jesús, tenían muchísimos testimonios en los cuales apoyarse; en particular, el testimonio de las discípulas de Jesús.

¿Y qué hay de los otros supuestos Evangelios, como el Evangelio de María? Mientras que los cuatro Evangelios del Nuevo Testamento se escribieron durante las vidas de testigos oculares de la vida de Jesús, se cree que el Evangelio de María se escribió a principios o a mediados del segundo siglo; mucho después de que los testigos oculares habían muerto.[17] En lugar de estar arraigado en el Antiguo Testamento, el Evangelio de María, al igual que otros llamados Evangelios Gnósticos, dependen mucho más de la filosofía griega que de la Escritura hebrea, y adoptan una visión distinta del mundo, en la cual la materia es perversa y la salvación supone el escape de lo físico. Esto es fundamentalmente distinto de la creencia judeocristiana en la bondad de la creación original de Dios, y la promesa cristiana de una vida con un cuerpo resucitado para todos los que confían en Jesús.

---

17. Ver Karen L. King, *The Gospel of Mary of Magdala: Jesus and the First Woman Apostle* (Santa Rosa, CA: Polebridge Press, 2003), 3.

A diferencia de los Evangelios en nuestras Biblias, el Evangelio de María no habla de la vida terrenal de Jesús. Está puramente concentrado en supuestas conversaciones después de la resurrección de Jesús. Si tuviéramos este texto y no los textos de los Evangelios en nuestras Biblias, no sabríamos casi nada sobre la vida, la muerte y la resurrección de Jesús de Nazaret, y tendríamos apenas una pequeña proporción de Sus enseñanzas registradas: enseñanzas que han cambiado el mundo.

Podríamos pensar que el Evangelio de María fue sofocado porque deja mal parado a Pedro. Después de todo, Pedro era un líder clave de la iglesia primitiva. Pero lejos de maquillar los errores de los discípulos varones de Jesús, los Evangelios de nuestras Biblias —incluidos el Evangelio de Marcos, que se cree que está basado en el testimonio de Pedro— frecuentemente pintan a los apóstoles (y a Pedro en particular) bajo una luz nada favorecedora. Por ejemplo, los cuatro Evangelios registran que Pedro negó incluso conocer a Jesús tres veces la noche en que arrestaron al Señor.

En contraste, a las mujeres entre los discípulos de Jesús se las destaca por su fidelidad, y cada uno de los autores de los Evangelios dependen del testimonio de las mujeres en momentos cruciales de sus relatos. Es más, si examináramos los Evangelios en nuestras Biblias y cortáramos todas las escenas *no* presenciadas por mujeres, perderíamos apenas una pequeña porción de los textos.

Si cortáramos las cosas que *solo* presenciaron las mujeres, perderíamos nuestro primer atisbo de Jesús cuando tomó forma humana y el primer atisbo de Su cuerpo resucitado. Los cuatro Evangelios preservan el testimonio presencial de las mujeres. La pregunta central de este libro es: «¿Cómo se veía Jesús a través de sus ojos?».

LAS MUJERES EN ESTE LIBRO

Cuando mi hijo de tres años, Luke, hace algo de lo que está orgulloso, me pregunta: «Mami, ¿me pudiste dar un vistazo?». Su manera de expresarse es un poco extraña para un niño de edad prescolar, pero muy profunda. Aun como su madre, lo único que podré realmente será vislumbrarlo. Su padre, sus hermanas, sus maestros y sus amigos lo ven desde distintos ángulos, y al igual que las imágenes que se usan para formar una imagen 3D, podríamos recopilar estos ángulos para entender mejor quién es Luke. Aun así, tan solo podríamos vislumbrarlo. En cuanto a Jesús, esta realidad se multiplica. Es imposible capturarlo en plenitud. Pero según los Evangelios, Él vino a capturarnos a nosotros: no para privarnos de nuestros derechos y encerrarnos, sino para restaurarnos a nuestro hábitat legítimo con Él.

Desde los primeros momentos de Su vida en la tierra, a Jesús lo contemplaron las mujeres. En este libro, examinaremos las historias de estas mujeres y veremos cómo se veía Jesús a través de sus ojos.

El capítulo 1 observará a Jesús a través de la lente de la profecía, concentrándose en el testimonio de María, la madre de Jesús, de Elisabet, su prima anciana, y de una profetisa llamada Ana, la cual profetizó sobre Jesús cuando lo llevaron al templo cuando era un bebé. Veremos cómo estas mujeres recibieron palabras proféticas de Dios para mostrarnos tanto quién es Jesús como lo que haría.

En el capítulo 2, veremos que muchos de los discípulos de Jesús eran mujeres; algunas viajaban con Él, y otras se quedaban donde estaban. Veremos lo que podemos aprender de las mujeres a las que se nombra entre los discípulos itinerantes de Jesús. Después, nos concentraremos en dos de las amigas más cercanas de Jesús, María y Marta de Betania.

El tema del capítulo 3 es el sustento. Observaremos el primer milagro de Jesús en el Evangelio de Juan, cuando, a pedido de Su madre, Él transformó litros de agua en el mejor de los vinos. Escucharemos Su conversación privada más larga que se ha registrado, que fue con una mujer samaritana junto a un pozo, a la cual le ofreció agua viva. Veremos tanto el fracaso épico como la redención de la madre de dos de los apóstoles de Jesús, y observaremos la impactante conversación entre Jesús y la mujer sirofenicia que reconoció que Jesús es la fuente del pan verdadero.

El capítulo 4 trazará una línea a través de las sanidades de Jesús a las mujeres: desde la suegra afiebrada de Simón Pedro, a una mujer que había sangrado durante doce años, a una niña de doce años a la que Jesús levantó de los muertos, hasta una mujer lisiada a la que sanó el día de reposo. Veremos cómo cada una de estas mujeres arroja luz sobre la identidad de Jesús.

El capítulo 5 se concentrará en el perdón. Veremos cómo Jesús recibió a una mujer conocida por su pecado y la exhibió como ejemplo de amor, y cómo protegió a una mujer a la que habían atrapado en adulterio y usó su situación para exponer el pecado de los líderes religiosos.

Por último, en el capítulo 6, veremos cuánto dependen los autores de los Evangelios del testimonio de las mujeres en cuanto a la resurrección de Jesús. El Hijo de Dios resucitado fue visto por primera vez a través de los ojos de las mujeres, y las mujeres fueron las primeras a las que se les confió Su noticia de vida.

Los Evangelios presentan a Jesús como el único Dios verdadero y vivo, el Dios que hizo el universo, el Dios al cual, según la Escritura, los humanos no pueden ver y seguir viviendo. Vislumbrar a Jesús implica arriesgar tu vida. Pero, según Jesús, también implica encontrarla. Las mujeres llorosas con el rostro al suelo vieron a Jesús, mientras que ciertos hombres se pararon cara a cara con Él y no tuvieron idea de a quién estaban mirando. No necesitamos el Evangelio de María del segundo siglo para ver quién es Jesús. Necesitamos los Evangelios del primer siglo de Mateo, Marcos, Lucas y Juan, que se apoyan en el testimonio presencial de las mujeres desde un principio.

CAPÍTULO 1

PROFECÍA

LA PRIMERA PERSONA en escuchar la buena noticia sobre Jesús fue una adolescente de bajos recursos en un pueblito en medio de la nada. Fue la primera en descubrir el nombre de Jesús, la primera en saber que era el Hijo de Dios, la primera en entender que su hijo sería el Rey eterno de Dios que desafiaría la muerte. Esta muchacha tenía el nombre más común de su época; un nombre que le pertenecía a una de cada cinco mujeres judías de ese momento y lugar.[1] Era apenas otra María. Sin embargo, un ángel vino a verla. Y en un instante, el mundo remoto

---

1. Registros que subsistieron indican que más de un 20 % de las mujeres judías en la región se llamaban María. Ver Richard Bauckham, *The Testimony of the Beloved Disciple: Narrative History and the Theology of John's Gospel* (Grand Rapids, MI: Baker Academic, 2007), 175.

de esta pueblerina se transformó en el lugar donde Dios entró.

En este capítulo, miraremos a María, la madre de Jesús, y a dos mujeres más —Elisabet y Ana—, a las cuales Dios ungió con el regalo de la profecía para reconocer a Jesús. Veremos cómo el nacimiento de Jesús se extendía hacia atrás en la historia y hacia adelante a la eternidad, y probaremos el primer bocado embriagante del rol que jugaron las mujeres en la vida de Jesús en la tierra: desde el principio hasta el amargo final... y más allá.

PROFECÍA Y EMBARAZO

Durante años, guardé la prueba de embarazo que me anunció que estaba encinta. Dos líneas rosadas anunciaban que, en nueve meses, nacería mi bebé. No lucía ni me sentía diferente. Pero este pequeño pedazo de plástico proclamaba la extraordinaria verdad: era madre. Miranda tiene once años ahora y está llena de preguntas extrañas. La semana pasada, me preguntó si me gustaría poder ver el futuro. Le respondí: «¡De ninguna manera!». El peso de ese conocimiento me agobiaría como una boa constrictora. Pero, hace tantos años, ¿quería saber que ella estaba creciendo en mi vientre? Sí. Sin lugar a dudas.

En el Antiguo Testamento, la profecía funciona un poco como las pruebas de embarazo. Dice la verdad sobre el presente y el futuro, por más discordantes que parezcan. Al igual que una prueba de embarazo en manos de padres esperanzados, la profecía puede traer buenas noticias de gran gozo o noticias devastadoras de pérdida, y el pueblo de Dios había experimentado ambas cosas. Siglos antes de que Jesús naciera, los profetas habían advertido que Su juicio vendría si no se arrepentían. El pueblo de Dios no quiso escuchar. Así que Israel, el reino del norte, cayó en manos de los asirios. Después de más advertencias proféticas, Judá, el reino del sur, fue conquistada por los babilonios. En medio de todo esto, los profetas prometieron que, un día, Dios enviaría a un Rey eterno a rescatar a Su pueblo; un rey aún mejor que David, el rey más grande de Israel. Por ejemplo, mientras vivía en el exilio en Babilonia, Daniel tuvo una visión y observó que «en las nubes del cielo venía uno como un Hijo de Hombre», el cual recibía de Dios mismo «dominio, gloria y reino, para que todos los pueblos, naciones y lenguas le sirvieran [...] un dominio eterno que nunca pasará» (Dan. 7:13-14). Pero, al igual que padres que anhelan año tras año un niño y el embarazo nunca se materializa, el pueblo de Dios esperó y esperó y ningún Rey había nacido.

Cuando los persas tomaron el control de los babilonios, las cosas empezaron a mejorar. Los judíos volvieron a su tierra y reconstruyeron el templo, pero aún vivían bajo un gobierno extranjero y pagano. A los persas los sucedieron los griegos, y el pueblo de Dios vivió bajo una sucesión de dinastías griegas locales que fomentaban la propagación de la cultura y la religión griegas. Con el tiempo, a los judíos se les prohibió practicar su fe, y el templo de Jerusalén fue transformado en un altar pagano. Este fue un punto sumamente bajo para el pueblo de Dios. Sin embargo, la devastación generó una revuelta, y por fin, los judíos volvieron a autogobernarse. En 164 a. C., el templo fue limpiado, y las ofrendas diarias se retomaron: un momento que los judíos siguen celebrando hoy como Januká. Parecía un nuevo comienzo. Por primera vez en siglos, el pueblo de Dios ya no vivía bajo un gobierno pagano, y durante cien años, una familia reinó. ¡Tal vez las promesas de Dios por fin se estaban cumpliendo! Pero todavía no había un rey eterno, y a partir de la segunda generación, hubo una considerable disensión interna.

Notablemente, el último monarca de esta dinastía en tener éxito en el trono fue una mujer: la reina Salomé Alejandra. Su esposo, el rey Alejandro Janeo, le legó el trono al morir, y ella reinó desde 75 a 67 a. C. Los años del reinado de Salomé Alejandra fueron de prosperidad y una renovada observancia religiosa. Pero después de su muerte, uno de sus hijos le arrebató el trono a su hermano mayor. La guerra civil que se desató terminó recién en 63 a. C., cuando el general romano Pompeyo tomó Jerusalén y profanó el templo. Una vez más, el pueblo de Dios estaba aplastado bajo un gobierno extranjero y pagano.

Las cosas podrían haber sido peores. A los judíos se les permitía adorar como quisieran, y en 37 a. C. los romanos designaron a Herodes el Grande como rey oficial de los judíos, que emprendió una inmensa renovación del templo. Pero Herodes no era étnicamente judío, y era tan solo un rey títere, que gobernaba bajo la autoridad romana. Cualquier intento de resistir el poder imperial se aplastaba como una colilla de cigarrillo. Este era el mundo agobiado en el que nació una muchacha llamada María.

No sabemos mucho del trasfondo de María, excepto que era relativamente pobre, que estaba comprometida con un hombre llamado José, y que vivía en un pueblito remoto de Galilea llamado Nazaret. Hasta ahora, nada sorprendente. Pero María de Nazaret fue la mujer a la cual Dios envió un ángel con la profecía que anunciaba que las antiguas promesas de Dios por fin se cumplirían.

El ángel Gabriel empezó diciendo: «¡Salve, muy favorecida! El Señor está contigo» (Luc. 1:28). María sabía que no era nadie especial, pero aquí había un ángel afirmando lo opuesto, y ella «se turbó mucho» (1:29). Gabriel siguió:

No temas, María, porque has hallado gracia delante de Dios. Concebirás en tu seno y darás a luz un Hijo,

31

y le pondrás por nombre Jesús. Este será grande y será llamado Hijo del Altísimo, y el Señor Dios le dará el trono de Su padre David; y reinará sobre la casa de Jacob para siempre, y Su reino no tendrá fin. (Luc. 1:30-33)

El profeta Isaías había hablado de un rey que nacería para sentarse en el trono de David para siempre (Isa. 9:6-7). Miqueas había hablado de un gobernante que nacería en la ciudad natal de David, Belén, el cual traería paz a los confines de la tierra (Miq. 5:2-5). La noticia del ángel Gabriel, entregada a una adolescente de un pueblito, fue como una antorcha ardiente en medio de la oscuridad, una canción de esperanza en medio de gemidos de dolor de los judíos. Era un llamado a las armas con una promesa de victoria incuestionable. El tan esperado Rey de Dios estaba en camino. Su nombre sería Jesús, que significa «el Señor salva», y sería el hijo de María.

HIJO DE DIOS

Sin duda, aturdida por las palabras de Gabriel, María hizo una pregunta práctica: «¿Cómo será esto, puesto que soy virgen?» (Luc. 1:34). Tal vez pensaba que su prometido, José, sería el padre. Entonces, Gabriel deja caer otra bomba:

«El Espíritu Santo vendrá sobre ti, y el poder del Altísimo te cubrirá con su sombra; por eso el santo Niño que nacerá será llamado Hijo de Dios». (Luc. 1:35)

Incluso una concepción normal parece milagrosa. Recuerdo quedarme mirando las líneas en la prueba de embarazo y meditar en lo inconcebible: una vida humana completamente nueva había surgido vibrante en mi interior. La primera vez que sentí cómo Miranda pateaba, no podía dejar de pensar en que era otra persona... y aún así, estaba dentro de mí. Era algo realmente increíble. Pero la experiencia de María era algo distinto. El ángel dijo que el Espíritu Santo de Dios —el Espíritu que se movió sobre la nada antes de la creación, el Espíritu que inspiró a grandes reyes y profetas— la cubriría con Su sombra, y entonces, el mismísimo Hijo de Dios crecería, se estiraría y patearía dentro de su vientre.

Estamos tan acostumbrados a la afirmación de que Jesús es el Hijo de Dios que nos cuesta hacernos la idea de lo descabellado que era este mensaje. Había historias sobre deidades griegas y romanas que habían dejado embarazadas a mujeres humanas. Pero el Dios del Antiguo Testamento no se parecía en nada a estos dioses paganos. Era absolutamente trascendente, el verdadero Hacedor de todas las cosas, Aquel a quien los humanos no podían ver sin morir, el Dios que, cuando se le preguntó cómo se llamaba, respondió: «YO SOY EL QUE

SOY» (Ex. 3:14). Por cierto, los profetas de Dios habían pintado al Rey prometido y eterno con términos más que humanos. Pero que fuera *literalmente* el Hijo de Dios habría sido impactante para los oídos de los judíos del primer siglo. A María podrían haberla aislado o incluso lapidado por quedar embarazada fuera del matrimonio. Decir «No te preocupes, el padre del bebé es el mismísimo Yo soy» tan solo añadiría cargos de blasfemia en su contra. Sin embargo, María respondió al instante con una fe obediente: «Aquí tienes a la sierva del Señor; hágase conmigo conforme a tu palabra» (Luc. 1:38).

RECIBIR A JESÚS

¿Cómo vemos a Jesús a través de los ojos de María en este momento? Lo vemos como el eterno Hijo de Dios, el Rey prometido, el gran «Yo soy» hecho carne. A través de los ojos de María, también vemos la bendición transformadora de recibir a Jesús, y cómo solo pueden recibirlo aquellos que saben que no son más que siervos del Señor. Por supuesto, no podemos estar en la misma situación que María. Tú y yo no hemos sido llamadas a ser la madre del unigénito Hijo de Dios. Ella llevó en su vientre a Aquel mediante el cual todos los vientres fueron creados. Amamantó al que generó la vida en la tierra. Crio al que formó las estrellas. Pero al mirar a Jesús a través de los ojos de Su madre, vemos cómo Dios toma a personas comunes y corrientes para que sean Sus agentes escogidos en este mundo. Cuando tú y yo dejamos entrar a Jesús, nuestras monótonas vidas se transforman en el centro zumbante de un milagro... por más pequeño que nos pueda parecer a veces.

La Navidad pasada, mi hija Eliza pidió un reloj que registre los pasos, como el que yo tengo. A medida que transcurría diciembre, ella me recordó varias veces que le comprara el reloj. Yo ya lo había comprado, pero evadí sus preguntas, con la esperanza de que al menos se sorprendiera un poquito el día de Navidad. Cuando Eliza desenvolvió su regalo, se mostró extasiada: ¡era exactamente lo que había pedido! Pero cuando abrió la caja, estaba vacía. Por accidente, había envuelto la caja vacía del reloj que me compré para mí unos meses antes. Eliza pensó que le había hecho una broma. Tal vez te sientes así hoy. Estás intentando creer que Dios te ama y confiar en Sus promesas, pero la vida en este momento se parece más a una caja de regalo desenvuelta y sin contenido. Quizás te preguntas si Dios está ahí, o si realmente se preocupa por ti. Pero así como a María le debe haber parecido inconcebible que las promesas divinas de siglos se estuvieran cumpliendo en ella, si ponemos nuestras esperanzas en Jesús, por más vacíos que nos sintamos hoy, la verdad es que estamos inimaginablemente llenos de vida y amor.

Desde el momento de la concepción de Jesús, la vida de María fue paradójica: se había transformado en la madre de Aquel por medio del cual todas las cosas fueron creadas (Juan 1:3). Si ponemos nuestra confianza en Jesús ahora, nuestras vidas también se transforman en una paradoja: somos, aquí en la tierra, el cuerpo de Aquel que hizo nuestros cuerpos y nuestra tierra. Somos Sus manos, Sus pies, Sus brazos y Su boca.

Al mirar a través de los ojos de María, también vemos el costo de dejar entrar a Jesús. El nacimiento en sí tiene un costo intenso. Alimentar a un bebé día y noche es un acto constante de amor sacrificado. En medio del gozo de conocer a mi primera hija, lloré muchas veces durante los primeros días y semanas de la vida de Miranda. Todo me dolía. No podía dormir. Me preocupaba muchísimo por ella, temiendo que se quedara dormida y no volviera a despertar, mientras que, a la vez, anhelaba sus momentos de sueño. Sentía que había perdido mi vida al ganar la de ella. La amaba, y ella me arruinaba. Para María, hace dos milenios, cada riesgo se vio multiplicado: el riesgo de su propia salud a la hora de parir, o de que su hijo muriera en la temprana infancia. Pero María se arriesgó mucho más con Jesús de lo que se arriesgaría con otro hijo. Arriesgó su reputación, sus posibilidades de casarse, su comunidad, e incluso su vida cuando le respondió a Gabriel: «Aquí tienes a la sierva del Señor; hágase conmigo conforme a tu palabra» (Luc. 1:38).

Los relatos de Lucas y Mateo parecen sugerir que María no le dijo a su prometido que estaba embarazada con el Hijo de Dios. José se enteró más tarde, de la boca de un ángel (Mat. 1:18-21). Pero después de que Gabriel se fue, María partió a ver a la única persona que podría entenderla: su parienta mayor, Elisabet, que vivía a unos 130/160 kilómetros (80/100 millas) al sur.

ELISABET

Elisabet y su esposo Zacarías son las primeras dos personas que conocemos en el Evangelio de Lucas. Zacarías era un sacerdote, y Elisabet era «de las hijas de Aarón»; en otras palabras, de familia sacerdotal. Lucas nos dice que «ambos eran justos delante de Dios, y se conducían intachablemente en todos los mandamientos y preceptos del Señor. No tenían hijos, porque Elisabet era estéril, y ambos eran de edad avanzada» (Luc. 1:5-7). La infertilidad crónica puede ser profundamente dolorosa. Mis amigos que lo han experimentado hablan de los muchos sentimientos que pueden surgir, y en particular, de lo difícil que es ver cómo todos los que los rodean tienen hijos mientras que sus esperanzas se desvanecen. La falta de hijos habría sido incluso más desastrosa para Zacarías y Elisabet en una cultura en la cual la infertilidad traía vergüenza, en especial para la mujer. Pero seis meses antes de aparecerse a una adolescente en Nazaret, Gabriel se le apareció a Zacarías mientras este servía en el templo, y le dijo que Elisabet tendría un hijo llamado

Juan, el cual sería «lleno del Espíritu Santo aun desde el vientre de su madre» (vv. 13-15). Cuando Gabriel visitó a María, Elisabet ya tenía seis meses de embarazo. Las últimas palabras de Gabriel a María fueron: «Tu parienta Elisabet en su vejez también ha concebido un hijo; y este es el sexto mes para ella, la que llamaban estéril. Porque ninguna cosa será imposible para Dios» (vv. 36-37).

La primera historia de Lucas es el encuentro de Gabriel con Zacarías, lo cual podría hacernos pensar que Dios cumpliría Sus antiguas promesas a través del hijo de Zacarías y Elisabet. Después de todo, la historia de los judíos empezó con una promesa a un hombre anciano y sin hijos llamado Abraham y a su esposa Sara (Gén. 12:2-3). Pero, en lugar de que Zacarías ocupara las sandalias de Abraham, el hijo de María será el prometido. Cuando nació Isaac, el hijo de Abraham, el futuro de todo el pueblo de Dios se vio personificado en su forma infantil. Cuando María dio a luz a Jesús, Él también abarcó a todo el pueblo de Dios. Jesús es el Escogido en el cual convergen la persona de Dios, el pueblo de Dios y las promesas de Dios. Pero el bebé de Zacarías y Elisabet, más tarde conocido como Juan el Bautista, también jugó un rol fundamental. Jesús identificó a Juan con el gran profeta Elías del Antiguo Testamento, enviado para preparar el camino para el Mesías prometido (Mat. 11:14). Antes de que Juan fuera lo suficientemente grande como para pronunciar palabra y mientras Zacarías todavía no podía hablar, Elisabet habló palabras proféticas a María.

Tranquilamente, Lucas podría haber obviado esta escena entre María y Elisabet sin afectar el relato. Pero dio un espacio para que escucháramos las palabras proféticas de estas dos mujeres —palabras que se han hecho eco a través de los siglos—, porque María y Elisabet no *solo* son las madres biológicas de Jesús y Juan. También actúan como profetisas por derecho propio. En cuanto a la habilidad única de las mujeres de tener hijos, es fácil cometer uno de dos errores: sobrevalorar la maternidad, como si fuera la razón principal por la cual las mujeres existen, o menospreciarla, como si crear una vida nueva no fuera importante. La imagen completa que nos da Lucas de estas dos mujeres embarazadas nos ayuda a no caer en ninguna de las dos trampas.

Cuando María llega a la casa de Elisabet, su voz dispara una reacción en cadena. Primero, el bebé Juan salta en el vientre de Elisabet. Después, Elisabet es «llena del Espíritu Santo» (Luc. 1:41). En el Antiguo Testamento, los grandes líderes o profetas del pueblo de Dios eran llenos del Espíritu en ciertos momentos (por ej., Núm. 27:18; Ezeq. 2:2; Miq. 3:8). Más adelante en la historia, Zacarías será «lleno del Espíritu Santo» y profetizará (Luc. 1:67). Pero aquí, Elisabet está llena del Espíritu y Dios le revela quién es Jesús. Al escuchar el saludo de María, exclama:

«¡Bendita tú entre las mujeres, y bendito el fruto de tu vientre! ¿Por qué me ha acontecido esto a mí, que la madre de mi Señor venga a mí? Porque apenas la voz de tu saludo llegó a mis oídos, la criatura saltó de gozo en mi vientre. Y bienaventurada la que creyó que tendrá cumplimiento lo que le fue dicho de parte del Señor». (Luc. 1:42-45)

María no necesita contarle la noticia a Elisabet. Ella ya lo sabe. El Espíritu Santo le ha revelado lo que Gabriel le dijo a María. Sabe que María está llevando en su vientre al Señor, y que creyó lo que Dios le prometió. A veces, en el Antiguo Testamento, Dios habló a través de profetisas.[2] Aquí, Dios le concede a Elisabet el don de la profecía para vislumbrar quién es Jesús, incluso antes de que nazca. Cronológicamente, estas son las primeras palabras proféticas pronunciadas por un humano y registradas en la Biblia desde que el profeta Malaquías habló cuatro siglos antes.

Como mujer mucho más grande y casada, Elisabet es socialmente superior a María. Pero Jesús cambia todo. Este es el momento de gloria de Elisabet. La vergüenza cultural de su infertilidad ha sido quitada. Está embarazada de un profeta, es llena del Espíritu Santo, ¿y qué dice? Palabras que la humillan y que exaltan a su parienta más joven. Al mirar a través de los ojos de Elisabet,

2.   Por ejemplo, Débora (Jue. 4:4) y Hulda (2 Rey. 22:14-20; 2 Crón. 34:22-28).

vemos que Jesús es nuestro Señor, incluso cuando las cosas no parezcan mostrar esto ni remotamente. Jesús todavía tiene la forma de un embrión, invisible a los ojos humanos. No tiene ningún poder terrenal. Pero Elisabet, llena del Espíritu, sabe cómo son las cosas. Sabe que está en la presencia de su Señor.

ALABAR A DIOS

Hasta este momento en el Evangelio de Lucas, María tuvo apenas un par de líneas. Lucas se contiene para que el próximo discurso de la muchacha tenga el impacto de un tornado. Respondiendo al arrebato profético de Elisabet, María pronuncia uno de los discursos más largos y poderosos de los Evangelios, aparte de los del mismo Jesús:

«Mi alma engrandece al Señor,
Y mi espíritu se regocija en Dios mi Salvador.
Porque ha mirado la humilde condición de esta su
    sierva;
Pues desde ahora en adelante todas las generaciones
    me tendrán por bienaventurada.
Porque grandes cosas me ha hecho el Poderoso;
Y santo es Su nombre.
Y de generación en generación es Su misericordia
    para los que le temen.
Ha hecho proezas con Su brazo;

Ha esparcido a los soberbios en el pensamiento de
sus corazones.
Ha quitado a los poderosos de sus tronos;
Y ha exaltado a los humildes;
A los hambrientos ha colmado de bienes
Y ha despedido a los ricos con las manos vacías.
Ha ayudado a Israel, Su siervo,
para recuerdo de Su misericordia
Tal como dijo a nuestros padres,
A Abraham y a su descendencia para siempre».
(Luc. 1:46-55)

María ve adónde está parada en medio del gran conjunto
de las promesas de Dios desde Abraham en adelante.
Reconoce el privilegio extraordinario que tiene y cómo
todas las generaciones la llamarán bienaventurada. Pero
en lugar de concentrarse en ella, María derrama su corazón en alabanza a Dios. Su discurso es como un exquisito
tapiz tejido con muchos hilos del Antiguo Testamento.
Pero, en particular, sus palabras se hacen eco del discurso
de una madre del Antiguo Testamento que pronunció
uno de los discursos más magníficos que cualquier ser
humano haya dado en la Escritura.

Al igual que Elisabet, Ana padecía de infertilidad
crónica. Sin embargo, oró a Dios pidiéndole un hijo, y
Él le dio al que se transformaría en el profeta Samuel. La
oración de gratitud de Ana por el nacimiento de Samuel

empieza como la de María: «Mi corazón se regocija en el SEÑOR» (1 Sam. 2:1). Al igual que María, Ana alaba al Dios de grandes reveces: «Quebrados son los arcos de los fuertes, pero los débiles se ciñen de poder. Los que estaban saciados se alquilan por pan, y dejan de tener hambre los que estaban hambrientos. [...] [El SEÑOR] levanta del polvo al pobre, del muladar levanta al necesitado para hacerlos sentar con los príncipes» (1 Sam. 2:4-5, 8a; Luc. 1:51-53). Pero incluso de forma más significativa, el discurso de Ana termina con una profecía directa sobre Cristo, el Rey prometido de Dios: «El SEÑOR juzgará los confines de la tierra, dará fortaleza a Su rey, y ensalzará el poder de Su ungido» (1 Sam. 2:10). La palabra traducida como «Su ungido» aquí es la primera instancia en las Escrituras hebreas donde se usa la palabra de la cual obtenemos «Mesías» en una profecía directa sobre el Rey de Dios. Nuestra palabra «Cristo» proviene de la forma griega de esta palabra. La profecía de Ana tuvo su primer cumplimiento cuando su hijo Samuel ungió a los dos primeros reyes de Israel, Saúl y David. Pero el cumplimiento supremo de la profecía de Ana es Jesús mismo.

Ana es la primera en profetizar directamente acerca del Rey ungido del Señor. María es la primera en descubrir Su identidad. Al mirar a Jesús a través del antiguo telescopio de los ojos de Ana y María, vemos a Aquel que le da la vuelta a todo el poder humano, el que exalta al humilde y humilla al poderoso, el que es el Salvador de

Su pueblo y muestra misericordia incluso cuando muestra Su fuerza.

NACIMIENTO

He dado a luz tres veces. Con todas las comodidades de un hospital moderno, incluso con anestesia epidural, aun así fue una experiencia agonizante y poco digna. El dolor, la sangre y la exposición que supone traer a un nuevo humano a este mundo son cuestiones inevitables, por más pelotas de yoga que utilices y prácticas de meditación que hagas. Pero dar a luz en la pobreza hace 2000 años era algo completamente distinto. El parto implicaba un riesgo significativo, y María lo experimenta lejos de su casa, sin las comodidades más básicas. Jesús nace en Belén, la ciudad natal del rey David. Pero lejos de nacer entre lujos de la realeza, llega al mundo en medio de la pobreza. Como es bien sabido, María «lo envolvió en pañales y lo acostó en un pesebre, porque no había lugar para ellos en el mesón» (Luc. 2:7). María profetiza que, a través de Jesús, el Señor exaltaría a los pobres a expensas de los ricos (11:52-53). Cuando acuesta a Jesús en una cuna improvisada, presencia el punto decisivo de esta reversión, cuando el rey más grande de la historia es envuelto en su pobreza.

El nacimiento pobre de Jesús no es ningún accidente. Es una señal. Aquella noche, un ángel se les aparece a unos pastores locales, que también son de la clase pobre y baja. El ángel les dice:

«No teman, porque les traigo buenas nuevas de gran gozo que serán para todo el pueblo; porque les ha nacido hoy, en la ciudad de David, un Salvador, que es Cristo el Señor. Esto les servirá de señal: hallarán a un Niño envuelto en pañales y acostado en un pesebre». (2:10-12)

El nacimiento de Jesús es una buena noticia de gran gozo para todas las personas. Pero fue esta banda desaliñada de pastores la que recibe una notificación divina, no los líderes religiosos ni políticos. Cuando los pastores encuentran «a María y a José, y al Niño acostado en el pesebre», le transmiten el mensaje del ángel a cualquiera que escuche (vv. 16-18). Pero Lucas destaca especialmente la respuesta de María: «María atesoraba todas estas cosas, reflexionando sobre ellas en su corazón» (v. 19). ¿Cómo vemos a Jesús a través de los ojos de María en este momento? Lo vemos como Aquel a través del cual se están cumpliendo las promesas de Dios. Vemos que la falta de espacio en el mesón no es un error, sino un mensaje. Jesús vino por los pobres y los excluidos primero. Pero también es un Salvador para todos: los ricos y los pobres, los hombres y las mujeres, los jóvenes y los viejos. A medida que María aprende a amamantar a su hijo, también aprende más sobre quién es realmente: «un Salvador, que es Cristo el Señor» (v. 11).

SACRIFICIO Y ESPADA

Uno de los efectos secundarios del nacimiento es las semanas de sangrado. No es nada glamoroso. La ley del Antiguo Testamento prescribía un período de tiempo para que el sangrado posparto de la mujer se detuviera antes de que ella pudiera llevar a su bebé al templo en Jerusalén. Cuando María y José llevan a Jesús, de un mes de vida, al templo para hacer el sacrificio requerido por un primogénito, su pobreza vuelve a quedar de relieve, ya que ofrecen el sacrificio para personas con bajos ingresos: «Un par de tórtolas o dos pichones» (Luc. 2:24). Pero la pobreza no puede esconder la identidad de Jesús. Lucas nos dice que un hombre llamado Simeón «movido por el Espíritu fue al templo», tomó a Jesús en brazos y bendijo a Dios (vv. 27-28). Se le había revelado que no moriría antes de ver «al Cristo del Señor» (v. 26), y ese momento había llegado. Pero después de alabar a Dios, y de bendecir a María y a José, Simeón le dice estas palabras perturbadoras a María en particular: «Este Niño ha sido puesto para caída y levantamiento de muchos en Israel, y para ser señal de contradicción, y una espada traspasará aun tu propia alma, a fin de que sean revelados los pensamientos de muchos corazones» (vv. 34-35).

Gabriel le dijo a María que era muy favorecida por Dios. Elisabet le dijo que era bendita entre las mujeres. Pero las palabras de Simeón deben haber cortado hasta la médula. ¿Una espada que traspasaría su alma? María ya se había arriesgado a la desgracia. Ya había experimentado el dolor del parto y sus consecuencias agotadoras. Pero esta bendita mujer tiene más sufrimiento por delante. Si miramos a Jesús a través de los ojos de María en este momento, vemos que estar cerca de Jesús significa abrazar el sufrimiento. Mientras escucha a Simeón, María puede vislumbrar el futuro. Jesús se enfrentaría a oposición, y su corazón quedaría empalado. Pero incluso mientras está absorbiendo estas palabras, Dios envía a una profetisa a tranquilizarla.

ANA, LA PROFETISA

He titulado este capítulo «Profecía» y tal vez has pensado que es un poco rebuscado usar ese término para las palabras de la boca de María y Elisabet. Pero mientras Lucas concluye su relato de los sucesos referentes al nacimiento de Jesús, nos presenta a una mujer a la cual llama directamente profetisa:

Y había una profetisa, Ana, hija de Fanuel, de la tribu de Aser. Ella era de edad muy avanzada, y había vivido con su marido siete años después de su matrimonio, y después de viuda, hasta los ochenta y cuatro años. Nunca se alejaba del templo, sirviendo noche y día con ayunos y oraciones. Llegando ella en ese preciso momento, daba gracias a Dios y hablaba del Niño a todos los que esperaban la redención de Jerusalén. (Luc. 2:36-38)

Ana comparte su nombre con solo otra persona en la Biblia: la madre de Samuel. El nombre era bastante raro en la época, así que la conexión habría resultado evidente para los judíos del primer siglo.[3] Al igual que la madre de Samuel, a Ana se la conoce por su oración incesante. Ana, la madre de Samuel, profetizó sobre el Mesías, a través del cual el Señor juzgaría los confines de la tierra, y Ana la profetisa llega a profetizar sobre el Mesías, el cual por fin nació. Esta profetisa ata los hilos en el tapiz que María tejió con las palabras de la otra Ana.

Esta Ana es una viuda anciana; la clase de mujer a la que se suele ignorar en nuestra cultura. Ha permanecido soltera la mayor parte de su vida, y está completamente dedicada al Señor: adora y ora día y noche. El nivel de detalle que brinda Lucas sobre su trasfondo es extraordinario. Lucas nos dice el nombre del padre de Ana y

---

3. Richard Bauckham observa: «De las 247 mujeres judías en Palestina del período de 330 a. C. a 200 d. C. cuyos nombres se conocen, nuestra Ana es la única que tiene este nombre». Bauckham, *Gospel Women*, 92.

que proviene «de la tribu de Aser» (v. 36). El territorio original de la tribu de Ana estaba en las colinas occidentales de Galilea. Pero la tribu de Aser fue eliminada en el juicio sobre el reino norte de Israel. Ana aparece aquí como un remanente de aquella tribu, reuniendo a dos reinos históricos de Israel y Judá como una profetisa con base en Jerusalén pero proveniente de una tribu devastada del norte. Ana también había sido testigo de una amplia franja de historia judía. Con 84 años de edad, había nacido en una época en la cual los judíos se autogobernaban, vivió en el próspero reinado de la reina Salomé Alejandra, y vio el aplastante final de la soberanía judía cuando los romanos tomaron el poder en 63 a. C.

Ana, la viuda anciana, presenta un marcado contraste con María, la madre adolescente. Representan dos extremos de una línea del tiempo mientras contemplan a Jesús. Pero ambas reciben revelación del Señor sobre el Rey prometido a través del cual Dios por fin redimiría a Su pueblo. Al ver a Jesús, Ana «daba gracias a Dios y hablaba del Niño a todos los que esperaban la redención de Jerusalén» (v. 38). María y Elisabet profetizaron en privado. Ana profetiza en público: en un templo a todos los que están esperando el rescate de Dios. A través de sus ojos, vemos a Jesús como el Redentor del pueblo de Dios, que no vino a restaurar el autogobierno judío, como en la época de la reina Salomé Alejandra, sino a realizar una obra redentora mucho más grande que el autogobierno político.

Ana no es la primera persona en profetizar sobre Jesús. Pero si pensamos cronológicamente, es la primera persona de la Biblia a la que se la llama oficialmente profeta desde la muerte del último profeta del Antiguo Testamento, Malaquías, unos cuatro siglos antes. Malaquías profetizó: «"el Señor a quien ustedes buscan; el mensajero del pacto en quien ustedes se complacen, ya viene", dice el Señor de los ejércitos» (Mal. 3:1b). La profetisa Ana ahora presencia la llegada del Señor a Su templo, cuando el bebé Jesús, de un mes de edad, es llevado allí en los brazos de Su madre. Pero mientras que las palabras de redención de Ana son reconfortantes, María pronto experimenta la verdad de la profecía perturbadora de Simeón sobre la oposición que enfrentará Jesús.

MAGOS Y ASESINATO

Uno de mis recuerdos más tempranos de la infancia es el de mi madre cuando me llevaba a su ensayo de coro en Londres. Recuerdo el inmenso salón de conciertos y las bellísimas voces que me rodeaban mientras estaba sentada en los escalones, esperando a mi madre, y sintiéndome sobrecogida por todo. El estribillo de la canción que recuerdo que ensayaban empieza diciendo: «Miren Su estrella brillando refulgente».

La melodía fluye a lo largo de las octavas con dramatismo y belleza, como si explicara cómo el cielo y la tierra se unieron cuando Jesús nació. Las palabras están inspiradas en el relato de Mateo de los sabios de oriente que fueron a Jerusalén, diciendo: «¿Dónde está el Rey de los judíos que ha nacido? Porque vimos Su estrella en el oriente y lo hemos venido a adorar» (Mat. 2:2).

La llegada de los sabios (o magos) probablemente sucede unos meses después del nacimiento de Jesús, y aunque es evidente que son eruditos, su sabiduría al parecer no se extiende a la política. Si así fuera, tal vez se habrían dado cuenta de mantenerse alejados de Herodes, el rey de los judíos en ese momento. Herodes les pregunta a los principales sacerdotes y escribas dónde tenía que nacer Cristo. Ellos le responden: «en Belén de Judea» y señalan una profecía de Miqueas (vv. 5-6; Miq. 5:2). Entonces, Herodes envía a los sabios a Belén, declarando que él también quiere adorar al nuevo Rey.

Los magos llegan a Jesús y se arrodillan: «Entrando en la casa, vieron al Niño con Su madre María, y postrándose lo adoraron; y abriendo sus tesoros le presentaron obsequios de oro, incienso y mirra» (Mat. 2:11). A María, esta visita debe haberle resultado una confirmación de todo lo que el ángel había prometido. Esta vez, su niño era venerado no por pastores, sino por extranjeros pudientes y educados. Sin embargo, cuando se van, se instala la sombría realidad de la advertencia de Simeón.

En un intento de eliminar a Jesús, Herodes ordena una masacre de todos los niños menores de dos años en Belén, y María y José tienen que huir a Egipto (vv. 13-18). Cómo debe haberse aferrado María a las palabras de Ana mientras experimentaba esta amenaza y tiempo de exilio. Sí, Jesús es el Rey prometido de Dios. Pero desde Su infancia, ella puede ver la controversia que genera. Algunos viajan desde lejos para adorarlo, mientras que otros lo detestan tanto que quieren matarlo.

Poco después, Herodes mismo muere. Su hijo, igualmente peligroso, ahora asume el gobierno de Judea, y María y José regresan para instalarse en Nazaret. Pero los efectos del brutal gobierno romano son ineludibles. Justo después de la muerte de Herodes, un hombre llamado Judas condujo una rebelión en la región y capturó una armería en Séforis, una ciudad más grande a poco más de seis kilómetros (cuatro millas) de Nazaret. Los romanos respondieron con fuerza decisiva: quemaron Séforis hasta los cimientos, vendieron a sus habitantes como esclavos y crucificaron a unos 2000 judíos.[4] Este es el mundo en el que María cría a su hijo: el hijo que se supone que será el Rey enviado por Dios para romper imperios. Es un mundo en el cual los intentos de derrocar el control de Roma conducen directo a la crucifixión.

4. El historiador judío Josefo informa sobre esto en su *Antigüedades judías* 17.10.

Esta bienaventurada mujer vivirá con esta inquietante noción mientras mira cómo su hijo crece. Sí, Dios le mostró favor, pero algún día, una espada traspasaría este corazón de madre.

La vulnerabilidad de la maternidad empieza con el embarazo. Durante mi primer embarazo, me preocupaba todos los días de que pudiera perder el bebé. Mis hijos están creciendo ahora; tienen once, nueve y tres años. En este momento, gozan de buena salud, son felices y, lo más significativo de todo, reconocen a Jesús como su Señor. Pero todos los días, lucho con inquietudes respecto a su futuro. ¿Y si alguno sufre de una depresión severa? ¿Y si les rompen el corazón o tienen algún daño irrevocable en su cuerpo? ¿Y si —la idea más aterradora de todas para mí— se alejan de Jesús al final? Vivir como padre se parece a enviar tu corazón al mundo sin tu cuerpo: sin protección y fuera de tu control. ¡Cómo debe haber sentido este temor María, sabiendo lo que su hijo había nacido para ser, y al tener el primer atisbo de la oposición que enfrentaría!

DE REGRESO AL TEMPLO

El último vistazo que obtenemos de la infancia de Jesús a través de los ojos de María es cuando tiene doce años. María y José lo llevan de regreso al templo para la Pascua. Después de la fiesta, la familia se va. Pero Jesús no.

María y José avanzan todo un día de viaje al salir de Jerusalén antes de darse cuenta de que Jesús no está con ellos. Vuelven sobre sus pasos y buscan por todas partes en Jerusalén durante tres días, mientras el pánico sin duda va en aumento. Por fin, encuentran a Jesús en el templo, sentado entre los maestros, escuchándolos y haciéndoles preguntas. Lucas nos dice que «todos los que le oían estaban asombrados de Su entendimiento y de Sus respuestas» (Luc. 2:47). Pero María le pregunta: «Hijo, ¿por qué nos has tratado de esta manera? Mira, Tu padre y yo te hemos estado buscando llenos de angustia» (v. 48). Jesús responde: «¿Por qué me buscaban? ¿Acaso no sabían que me era necesario estar en la casa de Mi Padre?» (v. 49). A pesar de todas las revelaciones de Dios sobre Jesús, María no lo entendía. Lucas nos dice que ella y José «no entendieron las palabras que Él les había dicho» (v. 50). Pero, una vez más, María «atesoraba todas estas cosas en su corazón» (v. 51).

Al mirar a través de los ojos de María en este momento, veo mi propia insuficiencia. María es la primera en recibir la maravillosa noticia sobre Jesús. Aun así, no puede captar quién es realmente Jesús, y cuánto más sería de lo que ella puede imaginar. Sé que Jesús es el Hijo de Dios. Pero la mayoría de las veces, voy por mi vida como si esta verdad no afectara cada momento. Vivo como si mis planes pudieran prosperar sin Jesús en el centro. Pero Jesús no puede encajar en nuestras vidas, y traerlo a colación cuando a nosotros nos convenga. O es Señor de todo lo que tenemos, somos y seremos, o no lo es. Al igual que María, yo puedo pasar días enteros sin acordarme de Jesús. Puedo seguir adelante con mis planes. Pero entonces, tengo que volver sobre mis pasos. Si realmente pudiera ver quién es Jesús, sabría que cada segundo de mi vida le pertenece. Al igual que la mayoría de las personas cercanas a Jesús en los Evangelios, vemos las veces en que María no puede reconocer quién es Jesús. Y sin embargo, como exploraremos en el capítulo 3, también vemos cómo Jesús se queda con ella y la cuida hasta el final.

María, Elisabet y la profetisa Ana llevaron vidas sumamente distintas. María era joven, pobre y al parecer insignificante. Elisabet vivió la mayor parte de su vida con la vergüenza cultural y el dolor personal de la infertilidad. Ana había quedado viuda joven y ahora era anciana. Pero cada una pronunció palabras inspiradas por Dios que nos ayudan a ver quién es Jesús. Gran parte de lo que sabemos sobre la concepción de Jesús, Su temprana infancia y Su niñez, nos llegó gracias a que las mujeres que lo rodeaban transmitieron su testimonio. Al mirar a través de sus ojos hoy, que podamos ver a Jesús tal como Él es: el Hijo de Dios, nacido en pobreza, revelado en la historia, enviado para redimir a Su pueblo y a ser el Rey prometido, eterno y universal de Dios.

PREGUNTAS DE DEBATE

Para comenzar: Habla sobre alguna vez en que hayas recibido una noticia emocionante. ¿Cómo respondiste? Podría ser algo grande, como enterarte de que conseguiste el trabajo de tus sueños, o algo sencillo, como descubrir que la persona que estaba frente a ti en la cafetería pagó por tu café.

1. ¿En qué sentido los sucesos de la historia de Israel que conducen a la época de María nos ayudan a ver la trascendencia del anuncio de Gabriel en Lucas 1:30-33?

2. ¿Qué sabemos del trasfondo de María, Elisabet y Ana?

3. ¿Por qué es significativo que hubiera mujeres que profetizaran sobre Jesús?

4. La Biblia describe un reino del revés de Dios que es completamente distinto de lo que podríamos esperar: los primeros son los últimos, los humildes son exaltados y el Rey viene a morir. ¿Cómo encaja el nacimiento de Jesús mediante María en esta imagen del reino de Dios?

5. ¿Qué tienen en común los embarazos de Ana (la madre de Samuel), María y Elisabet? ¿Qué revelan sobre el carácter de Dios?

6. ¿De qué maneras María experimentó dolor o angustia por conocer a Jesús? ¿Qué relación hay entre su experiencia y la vida cristiana?

7. ¿Qué luchas has tenido al sentirte insignificante, pasada por alto o marginada? ¿Cómo pueden las historias de las mujeres en este capítulo traerte esperanza en tu desánimo?

8. ¿Cómo ves a Jesús de manera más significativa a través de los ojos de estas mujeres?

Para profundizar: Lee la oración de Ana de acción de gracias por el nacimiento de Samuel en 1 Samuel 2:1-10, y la oración de María en Lucas 1:46-55.

1. ¿Qué similitudes ves entre la oración de Ana y la de María? ¿Qué características de Dios alaban?

2. ¿Qué profecía da Ana en 1 Samuel 2:10? ¿Cómo señala la oración de María su cumplimiento?

3. Tanto Ana como María enfatizan la fuerza y la misericordia de Dios. ¿En cuál de estas cualidades sueles concentrarte? ¿En qué sentido mantener unidas la misericordia y la fuerza de Dios podría afectar tu adoración?

DISCIPULADO

«¿POR QUÉ JESÚS no tenía discípulas mujeres?». Eliza, mi hija de nueve años, siempre hace las preguntas más difíciles, y las dispara a toda velocidad. A menudo, cuando empieza su inquisición, respondo «No estoy muy segura». Parte de mi trabajo como madre es ser sincera cuando no sé algo. Pero cuando me hizo *esta* pregunta, tan solo sonreí y contesté: «Sí tenía».

En este capítulo, conoceremos a las mujeres que se nombran entre los discípulos itinerantes de Jesús. Después, nos concentraremos en dos mujeres —María y Marta de Betania— que no viajaban con Jesús, pero que estaban entre Sus seguidores más cercanos. Al ver a Jesús a través de los ojos de estas mujeres, lo veremos como un rabino judío como ningún otro: un maestro enviado por Dios para cambiar el mundo. Pero también veremos lo imposible que es afirmar que Jesús no es más que eso. De hecho, veremos que afirmar que Jesús es *solo* un buen maestro es como decir que el sol es *solo* una fuente de luz.

LAS DISCÍPULAS DE JESÚS

Eliza tenía una buena razón para su pregunta. Las doce tribus de Israel empezaron con los doce hijos de Jacob —el nieto de Abraham— y Jesús eligió doce hombres judíos como Sus «apóstoles», señalando un nuevo comienzo para el pueblo de Dios.[1] Marcos describe a los apóstoles de la siguiente manera: «Y designó a doce, para que estuvieran con Él y para enviarlos a predicar, y para que tuvieran autoridad de expulsar demonios» (Mar. 3:14-15). A partir de ese momento, cuando Marcos usa la palabra «discípulos», suele referirse a estos doce apóstoles. Pero Lucas explica que los doce eran un subgrupo de los discípulos de Jesús. Después de una noche de oración, Jesús «llamó a Sus discípulos y escogió doce de ellos, a los que también dio el nombre de apóstoles» (Luc. 6:13). Entonces, ¿qué hay del grupo más grande de discípulos que viajaban con Jesús? Lucas deja en claro que este grupo más grande incluía a muchas mujeres.

---

1.   Mateo 19:28 y Lucas 22:30 resaltan esta conexión.

Después de contar una historia de cómo Jesús perdonó a una mujer notoriamente pecaminosa y la elogió por sobre un hombre conscientemente religioso, Lucas escribe:

Poco después, Jesús comenzó a recorrer las ciudades y aldeas, proclamando y anunciando las buenas nuevas del reino de Dios. Con Él iban los doce discípulos, y también algunas mujeres que habían sido sanadas de espíritus malos y de enfermedades: María, llamada Magdalena, de la que habían salido siete demonios; Juana, mujer de Chuza, mayordomo de Herodes; Susana y muchas otras que de sus bienes personales contribuían al sostenimiento de ellos. (Luc. 8:1-3)

Lucas observa que muchas de las mujeres que viajaban con Jesús habían sido sanadas por Él —física o espiritualmente—, y que Su ministerio tenía el sostén financiero de Sus seguidoras mujeres. Esto es significativo. Lucas suele llevar nuestra mirada a los pobres y marginados. Pero aquí podemos vislumbrar a las mujeres ricas que se veían atraídas por Jesús; tan cautivadas por Él que habían dejado sus hogares y lo seguían dondequiera que iba. Como vimos en la introducción, los autores de los Evangelios nombraban a las personas para marcarlas como fuentes por su condición de testigos oculares. Cuando Lucas nombra a estas tres mujeres en particular, probablemente esté señalando que están entre los testigos en cuyo testimonio se apoyó para su relato de la vida de Jesús.

María Magdalena aparece primero y se ha transformado ampliamente en la más famosa de las discípulas de Jesús. En lugar de distinguirla de las demás Marías con alguna referencia a un esposo o un hijo, se la identifica por su ciudad natal; así como a Jesús se lo suele llamar «Jesús de Nazaret». No sabemos el estado civil de esta María ni si tenía hijos. No sabemos cómo lucía ni nada sobre su historia sexual. La idea de que era una prostituta reformada surgió siglos después de su muerte. Lo único que Lucas nos dice es que Jesús había echado siete demonios de ella. María Magdalena había sido completamente desolada por fuerzas espirituales del mal; la última persona que esperaríamos que se reclutara para estar en el equipo principal del Hijo de Dios. Pero a Jesús le gusta escoger entre personas poco probables, y esta María no solo viaja con Jesús durante Su ministerio, sino que también juega un rol fundamental a la hora de testificar sobre la resurrección de Jesús. María Magdalena pasó de ser un patio de recreo para los demonios a ser una jugadora crucial en el alocado plan de Dios para cambiar el mundo. ¿Cómo vislumbramos a Jesús a través de sus ojos? Lo vemos como Aquel que cambió por completo su vida; el que la sacó de su pozo demoníaco y la ayudó a levantarse como una discípula devota.

La segunda mujer que Lucas nombra —«Juana, mujer de Chuza, mayordomo de Herodes»— es mucho menos famosa hoy en día que María Magdalena. Podrías leer el Evangelio de Lucas diez veces y no recordarla. Pero Juana seguramente quedaba en la mente de los primeros lectores de Lucas debido a su estatus y su conexión con el hombre que apresó y decapitó a Juan el Bautista. Este Herodes no es el rey Herodes el Grande, el cual reinaba cuando Jesús nació, sino uno de sus hijos, Herodes Antipas, que reina sobre Galilea durante el ministerio de Jesús. Lucas nos dice que, cuando Herodes Antipas escucha sobre Jesús, quiere conocerlo: «A Juan yo lo hice decapitar» dice, «¿quién es, entonces, este de quien oigo tales cosas?» (Luc. 9:9). ¿Cómo sabe Lucas de la reacción de Herodes? Probablemente, a través de Juana. Como mayordomo de la casa de Herodes, Chuza tendría un alto rango en la corte de Herodes Antipas. Su esposa tendría acceso a los chismes de la corte, y su abandono de las comodidades de la corte para viajar con un rabino controversial seguramente habrían causado un revuelo.[2]

Es más, la decisión de Juana de transformarse en discípula de Jesús es totalmente peligrosa. A Herodes lo intriga Jesús, pero también quiere matarlo (13:31). Cuando arrestan a Jesús, el gobernador romano Pilato envía a Jesús a Herodes, y Lucas nos dice: «Al ver a Jesús, Herodes se

---

2. Ver Bauckham, *Gospel Women*, 136-37.

alegró en gran manera, pues hacía mucho tiempo que lo quería ver por lo que había oído hablar de Él, y esperaba ver alguna señal que Él hiciera» (23:8). Sin embargo, Jesús no responde las preguntas de Herodes ni hace ningún tipo de espectáculo, así que «Herodes, con sus soldados, [trataron] a Jesús con desprecio y [se burlaron] de Él» (23:11). Como miembro de la corte de Herodes, Juana corre un gran riesgo al dejar todo para seguir a Jesús, y las perspectivas únicas que Lucas tiene sobre lo que Herodes piensa y hace podrían ser gracias a ella.

La alta posición social de Juana también deja en claro que a las mujeres que viajaban con Jesús no se las incluía tan solo para llevar a cabo tareas domésticas. Es más, Bauckham argumenta que «es un error suponer que a las mujeres [de Lucas 8:1-3] se les asigna, dentro de la comunidad de discípulos de Jesús, la clase de roles específicos para cada género que ocupaban las mujeres en una situación familiar común».[3] Una mujer del prestigio de Juana tendría sirvientes en su casa que cocinaran y limpiaran por ella. En cambio, las mujeres pudientes entre los discípulos de Jesús sustentaban Su misión. Por supuesto, eso no significa que no se ensuciaran las manos. Jesús les enseñó una y otra vez a Sus seguidores que servir a otros es algo intrínseco al discipulado. Incluso se puso de rodillas y les lavó los pies

---

3.   Bauckham, *Gospel Women*, 114.

(Juan 13:1-17). Pero que Lucas nombre a Juana en particular socava la idea de que a las mujeres se las llevaba de viaje para que se ocuparan de la casa. ¿Cómo vemos a Jesús a través de los ojos de Juana? Lo vemos como Aquel que elige personas de la corte de Su enemigo para servir en Su reino. Lo vemos como Aquel por quien todo prestigio debe sacrificarse, todos los amigos en lugares altos deben ser dejados atrás, Aquel por el cual hay que gastar nuestro dinero y arriesgar todo.

A la última mujer a la que Lucas menciona por nombre se la llama sencillamente Susana. Su nombre no era común, así que no hacía falta distinguirla. Pero seguramente era conocida, para que Lucas la elija entre el grupo más grande de discípulas. El cuidado de Lucas a la hora de hacer referencia a los testigos oculares que usó como fuentes queda ilustrado cuando cita a María Magdalena y a Juana, pero no a Susana, como testigos de la resurrección de Jesús. En cambio, Lucas menciona a «María, la madre de Jacobo» (Luc. 24:10). Probablemente, Susana no estaba entre las mujeres que fueron a la tumba de Jesús y la encontraron vacía, pero Lucas le había consultado sobre episodios más tempranos de la vida de Jesús. Así como Lucas nos da a María, Elisabet y Ana como testigos de Jesús antes de que naciera y como recién nacido, ahora también nos da a María Magdalena, Juana y Susana como testigos del ministerio de Jesús.

Mateo y Marcos también hablan de las mujeres que viajaban con Jesús, pero recién en la cruz. Como escribe Marcos:

> Había también unas mujeres mirando de lejos, entre las que estaban María Magdalena, María, la madre de Jacobo el menor y de José, y Salomé, las cuales cuando Jesús estaba en Galilea, lo seguían y le servían; y había muchas otras que habían subido con Él a Jerusalén. (Mar. 15:40-41)

Mateo también nombra a mujeres individuales entre el grupo que presenciaron la crucifixión de Jesús y que habían viajado con Él desde los primeros días en Galilea:

> Y muchas mujeres que habían seguido a Jesús desde Galilea para servirle, estaban allí, mirando de lejos. Entre ellas estaban María Magdalena, María la madre de Jacobo y de José, y la madre de los hijos de Zebedeo. (Mat. 27:55-56)

Mateo y Marcos nombran a María Magdalena y María la madre de Jacobo y José. Pero eligen a distintas mujeres como un tercer testigo ocular. Esto no es ningún error. Como bien nos dice Mateo, muchas de las discípulas de Jesús presenciaron Su muerte. Pero cada Evangelista menciona a las mujeres cuyos testimonios habían escuchado en particular. Así como tres panegíricos en un funeral destacan distintos recuerdos, los autores de los Evangelios consultaron a diferentes personas que conocían a Jesús en persona, para compilar sus relatos. Las mujeres que Lucas menciona en Lucas 8:1-3 están entre las que «desde el principio fueron testigos oculares y ministros de la palabra» (Luc. 1:2). La próxima vez que nombra a mujeres, cuenta una historia única en su Evangelio, en la cual Jesús afirma específicamente el discipulado femenino.

SENTARSE A LOS PIES DE JESÚS

Jesús y Sus discípulos habían entrado a un pueblo, y una mujer llamada Marta los recibió en su casa (Luc. 10:38). Marta era el cuarto nombre más común entre las mujeres judías de ese tiempo y lugar. Tenía una hermana llamada (ya adivinaste) María.[4] La historia que Lucas cuenta de estas hermanas se suele usar como una prueba bíblica de personalidad: «¿Eres una activadora, como Marta, o una contempladora, como María?». Pero esta interpretación pasa por alto lo más importante. La historia no se trata de dos tipos de personalidad. Se trata de dos respuestas a Jesús, y de la validación del Señor de las discípulas mujeres.

---

4. Alrededor de un 6 % de las mujeres judías de la región se llamaban Marta. Ver Bauckham, *Beloved Disciple*, 175.

Como había invitado a Jesús a su casa, Marta «se preocupaba con todos los preparativos» (v. 40). La palabra que Lucas usa para los «preparativos» de Marta viene del mismo verbo que el que usa para describir a las mujeres que «contribuían» al sostenimiento de Jesús en Lucas 8:3. Pero en este contexto, se refiere claramente a tareas domésticas. Entonces, ¿esta historia apoya la interpretación de que las seguidoras de Jesús estaban allí solo para cocinar y limpiar? De ninguna manera. Mientras Marta «se preocupaba con todos los preparativos», María estaba «sentada a los pies del Señor, [y] escuchaba Su palabra» (10:39-40).

Sentarse a los pies de alguien es una postura de discipulado. El apóstol Pablo, por ejemplo, describe que fue «instruido a los pies de Gamaliel» (Hech. 22:3, RVR1960). Como lo expresa el erudito del Nuevo Testamento, Darrell Bock, «la imagen de una mujer en posición de discípulo, a los pies de Jesús, sería sorprendente en una cultura en la cual las mujeres no recibían enseñanza formal de un rabino».[5] Tal vez esta María se envalentonó para sentarse a los pies de Jesús al ver a María Magdalena, Juana, Susana y las demás mujeres entre los discípulos de Jesús. Como suele suceder cuando Jesús le da lugar a personas controversiales, lo critican

---

5. Darrell Bock, *Luke: 9:51–24:53*, vol. 2, Baker Exegetical Commentary on the New Testament (Grand Rapids, MI: Baker Academic, 1996), 1037.

por permitir que María ocupe ese lugar. Pero en esta historia, el desafío no viene de los fariseos, que siempre están ansiosos por encontrar alguna falla en Jesús, ni de los discípulos varones del Señor, que a menudo lo malinterpretan. Viene de Marta.

Marta le dice a Jesús: «Señor, ¿no te importa que mi hermana me deje servir sola? Dile, pues, que me ayude» (Luc. 10:40). En cierto sentido, es un pedido razonable. ¿Por qué Marta tendría que quedarse con todo el trabajo mientras María permanecía sentada? ¿Quién se cree que es? Pero Jesús responde con una reprensión suave no para María, como se le solicitó, sino para Marta: «Marta, Marta, tú estás preocupada y molesta por tantas cosas; pero una sola cosa es necesaria, y María ha escogido la parte buena, la cual no le será quitada» (vv. 41-42).

La doble mención del nombre de Marta comunica ternura. La única otra vez que Jesús habla de esta manera a una persona en Lucas es cuando dice: «Simón, Simón, mira que Satanás los ha reclamado a ustedes para zarandearlos como a trigo; pero Yo he rogado por ti para que tu fe no falle» (Luc. 22:31-32). El lamento de Jesús por Jerusalén capta una mezcla similar de amor y tristeza: «¡Jerusalén, Jerusalén, la que mata a los profetas y apedrea a los que le son enviados! ¡Cuántas veces quise juntar a tus hijos, como la gallina a sus pollitos debajo de sus alas, y no quisiste!» (Luc. 13:34).[6] El tono de lo que Jesús le dice a Marta es sincero. Si hubiera hablado el español de hoy, tal vez le habría dicho: «¡Ay, Marta!».

El resto de la respuesta de Jesús se conecta con las palabras que Marta acaba de pronunciar y con palabras pronunciadas siglos atrás. El vínculo inmediato está entre el alimento literal y el espiritual. Marta les está sirviendo a sus invitados una comida, mientras que María ha elegido «la parte buena» (o la «comida correcta») al aprender de Jesús.[7] Pero las palabras de Jesús también se remontan al himnario hebreo. En el Salmo 16:5, el rey David declara: «El SEÑOR es la porción de mi herencia y de mi copa», mientras que en el Salmo 73, Asaf pregunta: «¿A quién tengo yo en los cielos sino a Ti? Fuera de Ti, nada deseo en la tierra. Mi carne y mi corazón pueden desfallecer, pero Dios es la fortaleza de mi corazón y mi porción para siempre» (Sal. 73:25-26). El salmo más largo de la Biblia reitera este punto: «El SEÑOR es mi porción» (119:57). Marta cree que está sirviendo a Jesús al darle una comida. Pero Jesús aclara que Él es el que está sirviendo alimento verdadero, y María tiene razón al sentarse a Su mesa.

6. Darrel Bock incluye el dicho de los discípulos —«Maestro, Maestro»— a Jesús antes de que calme la tormenta (Luc. 8:24) como otro ejemplo de duplicación del nombre para comunicar un sentimiento intenso. Ver Bock, *Luke*, 1042.

7. Bock ofrece «la comida correcta» como una paráfrasis de la parte buena. Ver Bock, *Luke*, 1042.

¿Cómo vemos a Jesús a través de los ojos de estas hermanas en el Evangelio de Lucas? Lo vemos como Aquel que recibe a las mujeres y defiende su derecho de aprender de Él. También lo vemos como Aquel que nos da tanto más de lo que podríamos darle.

MUJERES A LAS QUE JESÚS AMÓ

A la gente suele asombrarle mi ignorancia en cuanto a las celebridades. Una vez, confundí a Beyonce con Adele. Otra —aunque había vivido en Nueva Inglaterra durante años—, un amigo tuvo que explicarme que Tom Brady no era, en realidad, un jugador de béisbol. La manera de presentar a alguien depende de si esperamos que nuestra audiencia sepa quién es, y mis amigos han aprendido a no suponer nada. Pero cuando Juan presenta a María y Marta de Betania, lo hace de una manera que supone que sus lectores ya escucharon sobre ellas:

> Estaba enfermo cierto hombre llamado Lázaro, de Betania, la aldea de María y de su hermana Marta. María, cuyo hermano Lázaro estaba enfermo, fue la que ungió al Señor con perfume y le secó los pies con sus cabellos. (Juan 11:1-2)

En la cultura judía del primer siglo, a las mujeres se las solía identificar por su relación con un pariente varón cercano. Pero Juan revierte esto y nos presenta a Lázaro como el hermano de María y Marta. Es más, Juan parece sugerir que María (probablemente la menor de las hermanas) era la más conocida, y se refiere a algo que María hizo, que sus lectores sin duda habrían escuchado. Ese incidente se registra en Mateo, Marcos y en el próximo capítulo de Juan. Lo exploraremos en breve. Pero aquí, al principio de Juan 11, vemos a estas hermanas enviándole un SOS a Jesús: «Señor, el que Tú amas está enfermo» (Juan 11:3).

Este mensaje es revelador. María y Marta no llaman «Lázaro» a su hermano, sino «el que Tú amas». Juan se refiere a sí mismo como «el que Jesús amaba» (Juan 13:23; 19:26; 20:2; 21:7), pero este versículo destaca que no era el único al que Jesús amaba. Y antes de que lleguemos a la conclusión de que Jesús ama más a Sus discípulos varones, Juan enfatiza el amor del Señor por sus hermanas: «Y Jesús amaba a Marta, a su hermana y a Lázaro» (Juan 11:5). La palabra griega que Juan usa aquí es *agapao*: la misma palabra que Jesús usa para describir el amor del Padre por Él (Juan 10:17).[8] Jesús ama a estas hermanas de la manera más profunda. Este amor hace que la respuesta de Jesús al mensaje de María y Marta

---

8.   El autor de Juan usa estas dos palabras en distintos momentos para describir el amor de Jesús por él. Juan 13:23; 21:7,20 usa *agapao*, mientras que Juan 20:2 usa *filéo*.

nos sacuda: «Y Jesús amaba a Marta, a su hermana y a Lázaro. Cuando oyó, pues, que Lázaro estaba enfermo, entonces se quedó dos días más en el lugar donde estaba» (Juan 11:5-6). Si miramos a través de los ojos de María y Marta en este momento, vemos a Jesús como Aquel que tiene el poder de sanar a su hermano, pero que elige no venir cuando ellas lo llaman.

Los días pasan, y Jesús no aparece. Tal vez las hermanas creen que no ha venido porque es peligroso. Betania estaba a solo tres kilómetros (dos millas) de Jerusalén, y cuando Jesús por fin les propone a Sus discípulos que vuelvan hacia el sur, Sus discípulos responden: «Rabí, hace poco que los judíos te querían apedrear, ¿y vas allá otra vez?» (v. 8). Pero la decisión de Jesús de no ir apenas recibió el mensaje de María y Marta no tuvo nada que ver con el riesgo para Su vida. Más bien, se demoró para que Dios fuera glorificado (v. 4), y para que Sus discípulos creyeran (vv. 14-15).

Cuando Jesús por fin llega a Betania, Lázaro ya ha estado en la tumba durante cuatro días. Marta se entera de que ha llegado y sale a recibirlo. Pero María se queda sentada en la casa. Marta le dice a Jesús: «Señor, si hubieras estado aquí, mi hermano no habría muerto. Aun ahora, yo sé que todo lo que pidas a Dios, Dios te lo concederá» (vv. 21-22). Estas palabras proclaman una fe extraordinaria. Lázaro está muerto y sepultado. Pero incluso ahora, ella sabe que su Señor puede sanarlo. En este momento, esperaríamos que Jesús fuera directo a la tumba de Lázaro. En cambio, se toma el tiempo de enseñarle a esta mujer llorosa, a la cual ama: «Tu hermano resucitará» (v. 23). Muchos judíos del primer siglo creían que, en el día del juicio final, Dios los levantaría de los muertos. Entonces, Marta responde: «Yo sé que resucitará en la resurrección, en el día final» (v. 24). Pero la resurrección al final de los tiempos no es lo que Marta anhela. Había mandado a buscar a Jesús para que sanara a Lázaro. Ahora, quiere que su Señor lo traiga de nuevo a la vida. Jesús responde con algunas de las palabras más sorprendentes de toda la Escritura: «Yo soy la resurrección y la vida; el que cree en Mí, aunque muera, vivirá, y todo el que vive y cree en Mí, no morirá jamás. ¿Crees esto?» (vv. 25-26)

Este es uno de los muchos momentos en los Evangelios en los que la idea de que Jesús es *solo* un buen maestro queda aplastado por el suelo como un jarrón barato. Los buenos maestros no afirman ser la resurrección y la vida, la fuente misma de la vida, aquel sin el cual la vida es muerte, y con el cual incluso la muerte es vida. Pero eso mismo es lo que afirma Jesús. En este momento con Marta, Jesús declara que la fe en Él puede conquistar incluso la muerte. La confianza de Marta en Jesús no es tan solo un medio para un fin, para traer a su hermano de vuelta a la vida. Es también la fuente de su propia vida.

Como fiel judía que es, Marta sin duda oye en las palabras de Jesús un eco de las que Dios le dijo a Moisés siglos antes. Dios llamó a Moisés a volver a Egipto y liberar al pueblo de Dios. Cuando Moisés le preguntó cómo se llamaba, el Señor respondió: «YO SOY EL QUE SOY», y añadió: «Así dirás a los israelitas: "YO SOY me ha enviado a ustedes"» (Ex. 3:14).[9] En el Evangelio de Juan, Jesús evoca este santo nombre de Dios una y otra vez. «Yo soy el pan de la vida» (Juan 6:35, 41, 48, 51); «Yo soy la Luz del mundo» (8:12); «antes que Abraham naciera, Yo soy» (8:58); «Yo soy la puerta de las ovejas» (10:7, 9); «Yo soy el buen pastor» (10:11, 14); «Yo soy el camino, la verdad y la vida» (14:6); «Yo soy la vid verdadera» (15:1, 5). Casi todas las afirmaciones de «Yo soy» de Jesús se les dicen a grupos. «Yo soy la resurrección y la vida» es una de dos excepciones. Como veremos en el capítulo 3, la otra declaración de «Yo soy» dicha a un individuo también está dirigida a una mujer. Aquella vez, Marta se había molestado con María por sentarse a los pies de Jesús con los demás discípulos. Ahora, en un acto

9. El nombre divino, transliterado *Yahvéh*, es una forma del verbo «ser» en hebreo que se usa en la expresión «Yo soy». Para los judíos, el nombre divino del pacto era tan santo que nunca debía pronunciarse en voz alta. En cambio, lo sustituían por *Adonai*, que significa «mi Señor». La traducción griega del Antiguo Testamento representó *Yahvéh* con la palabra griega *kúrios*: «Señor». De acuerdo con esta práctica, la mayoría de las traducciones al español de la Biblia sustituyen esta palabra por «Señor», en versalita.

abrumador de gracia, Jesús le dice solo a ella algunas de Sus palabras que más transformarían al mundo.

Antes de venir a Betania, Jesús les dijo a Sus discípulos que se alegraba, por el bien de ellos, de que Lázaro hubiera muerto, para que pudieran creer (Juan 11:14-15). Pero en este momento, le pregunta a una discípula mujer que responda a Su impactante declaración : «¿Crees esto?». Marta responde: «Sí, Señor; yo he creído que Tú eres el Cristo, el Hijo de Dios, o sea, el que viene al mundo» (v. 27).

En momentos difíciles, a menudo he murmurado la declaración de Jesús y me he hecho la pregunta que Él hizo. Hace algunos años, en un período de intensa tribulación relacional —mientras sentía que el piso psicológico se desvanecía bajo mis pies—, estaba en mi habitación aferrada a mi armario, y ensayé: «Yo soy la resurrección y la vida». «¿Crees esto?». Verás, si es cierto, nada de lo que pueda suceder en mi vida sobre la tierra puede robarme esa vida eterna. Y si es falso, a fin de cuentas, nada en mi vida sobre la tierra importa realmente. O todo termina en la muerte, o Jesús es la resurrección y la vida.

¿Cómo vemos a Jesús a través de los ojos de Marta en este momento? Lo vemos como Aquel que puede devolverle la vida a su hermano, tal como ella anhela. Pero también como Aquel que *es* la resurrección y la vida. Así como Dios se reveló a Moisés como el que simplemente *es,* Jesús también se revela a Marta como

Aquel que personifica la vida. Confiar en Jesús es vivir. No es que Jesús *no sea* un buen maestro. Cuando Marta va a buscar a María, le dice: «El Maestro está aquí, y te llama» (v. 28). Jesús es un buen maestro, tan cierto como que el sol es una fuente de luz. Pero no es *solamente* eso. Así como todo nuestro planeta gira alrededor del sol, nosotros también deberíamos orientar nuestras vidas alrededor del Hijo de Dios, el Cristo, que vino a nuestro mundo a llamarnos de muerte a vida.

JESÚS LLORA

Dadas las palabras de Jesús, sería fácil llegar a la conclusión de que deberíamos cortar por lo sano en este mundo y dejar de involucrarnos emocionalmente. Si Jesús es la resurrección y la vida, alejémonos de todas las cosas que lastiman y desasociémonos del sufrimiento. Si, como enseña el budismo, la raíz del sufrimiento es el apego, tal vez podamos arrancar la raíz y librarnos del diente arraigado del dolor. Pero Juan no nos permite hacer esa inferencia. Cuando María escucha que el Maestro la llama, se levanta con rapidez y acude a Él (Juan 11:29). Jesús todavía no ha entrado al pueblo. Marta, ansiosa, se encuentra con Él por el camino. Cuando María llega, cae a Sus pies y repite las palabras de su hermana: «Señor, si hubieras estado aquí, mi hermano no habría muerto» (v. 32). ¿Cómo responde Jesús a estas palabras de lamento? Cuando ve a María llorando, y a los demás judíos que habían venido con ella también llorando, «se conmovió profundamente en el espíritu, y se entristeció» (v. 33). Entonces, pregunta dónde pusieron el cuerpo de Lázaro. Después, llora (v. 35).

¿Cómo vemos a Jesús a través de los ojos enrojecidos de María en este momento? Lo vemos como Aquel que podría haber salvado a su hermano, pero que, en cambio, lo dejó morir... y también, como el que llora con ella en su angustia. Algunos de los espectadores vieron las lágrimas en el rostro de Jesús y dijeron: «Miren, cómo lo amaba» (v. 36). Pero otros tenían una pregunta razonable: «¿No podía este, que abrió los ojos del ciego, haber evitado también que Lázaro muriera?» (v. 37). La respuesta a su pregunta es «sí», y María lo sabe. Pero lejos de ser insensible a su dolor, Jesús entra en ese dolor.

Si hace tiempo que eres cristiano, supongo que puedes recordar momentos en los que has clamado a Dios por ayuda y sentiste que no recibías nada a cambio. Has orado por sanidad y nunca llegó. Enviaste a llamar a Jesús y te sentiste solo. Pero, cuando por fin Jesús llega donde está María, derrama lágrimas con ella. No se quedó lejos porque no le importara. Se quedó lejos porque *sí* le importaba. Lo mejor que podía darles a estas hermanas, a las cuales amaba profundamente, no era una respuesta inmediata a sus oraciones, sino una revelación de sí mismo.

Cuando Jesús llega a la tumba de Lázaro, vuelve a conmoverse profundamente, y les dice que quiten la piedra que cubría la entrada de la tumba. Marta expresa la desagradable verdad: «Señor, ya huele mal, porque hace cuatro días que murió» (v. 39). Lázaro está muerto, sepultado y pudriéndose en su tumba. Pero Jesús dice: «¿No te dije que si crees, verás la gloria de Dios?» (v. 40). Así que quitan la piedra. Jesús ora —por el bien de aquellos que están mirando cómo se desarrolla todo—, y exclama: «¡Lázaro, sal fuera!» (vv. 41-43). Entonces, escribe Juan: «Y el que había muerto salió, los pies y las manos atados con vendas, y el rostro envuelto en un sudario» (v. 44).

¿Cómo vemos a Jesús a través de los ojos de María y Marta mientras miran a su hermano salir caminando de su tumba? Lo vemos como Aquel que llora con nosotros en nuestra angustia, pero también como el que puede llamar a un muerto de regreso a la vida. El poder de Jesús para levantar a Lázaro apoya Su asombrosa declaración a Marta de que realmente Él *es* la resurrección y la vida. Muchos de los judíos que presencian esto también creen en Jesús (v. 45). Pero algunos van a los fariseos y les dicen lo que Él hizo (v. 46). Esto dispara una reunión de los principales sacerdotes y los fariseos para tramar la muerte de Jesús. Sin embargo, en lugar de ser un desastroso giro inesperado, es tan solo el próximo paso en el plan de Jesús: Aquel que es la resurrección y la vida ha venido a morir.

UNGIDO PARA LA SEPULTURA

Como vimos anteriormente, cuando Juan presenta a María y a Marta, escribe: «María, cuyo hermano Lázaro estaba enfermo, fue la que ungió al Señor con perfume y le secó los pies con sus cabellos» (Juan 11:2). Sin dudas, es un incidente conocido. Pero la versión de Juan de la historia es notablemente distinta de la de Mateo y Marcos. Marcos cuenta la primera parte de la historia de la siguiente manera:

Estando [Jesús] en Betania, sentado a la mesa en casa de Simón el leproso, vino una mujer con un frasco de alabastro de perfume muy costoso de nardo puro; y rompió el frasco y lo derramó sobre la cabeza de Jesús. (Mar. 14:3)

Al igual que Marcos y Mateo, Juan ubica la escena en Betania. Pero donde Marcos y Mateo nombran al anfitrión como «Simón el leproso», Juan directamente no menciona al anfitrión:

Entonces Jesús, seis días antes de la Pascua, vino a Betania donde estaba Lázaro, al que Jesús había resucitado de entre los muertos. Y le hicieron una cena allí, y Marta servía; pero Lázaro era uno de los que estaban a la mesa con Él. Entonces María, tomando unos 300 gramos de perfume de nardo puro que costaba mucho, ungió los pies de Jesús, y se los secó con los cabellos, y la casa se llenó con la fragancia del perfume. (Juan 12:1-3)

A diferencia de Mateo y Marcos, que la dejan en el anonimato, Juan identifica a la mujer que ungió a Jesús como María de Betania. En lugar de decir que derramó perfume sobre Su cabeza, Juan afirma que ungió Sus pies. Examinar las diferencias entre estos relatos nos ayudará a entender cómo los autores de los Evangelios seleccionan y organizan su material; como distintos directores cinematográficos que hacen sus cortes distintivos.

Primero, la realidad de que María, Marta y Lázaro estén presentes en la versión de Juan —e incluso que la diligente Marta esté sirviendo— no significa que ellos estuvieran ofreciendo la cena (v. 2). En todo caso, que Lázaro esté entre los que están reclinados con Jesús sugiere que *no* es el dueño de la casa.[10] El anfitrión, al que Marcos llama «Simón el leproso», probablemente haya experimentado el poder de Jesús para sanar, ya que un leproso no tenía permitido organizar una cena para nadie. Es de esperar que varios discípulos que vivían en Betania se juntaran para recibir a su Señor. Pero ¿qué podemos

10. Ver Craig L. Blomberg, *The Historical Reliability of John's Gospel* (Downers Grove, IL: ivp Academic, 2001), 176.

decir de que Marcos y Mateo afirmen que la mujer ungió la cabeza de Jesús, mientras que Juan diga que ungió Sus pies? Una vez más, esta no tiene por qué ser una contradicción. En la versión de Marcos, Jesús dice que ella ungió Su cuerpo, dando a entender que no solo ungió Su cabeza (Mar. 14:8). Pero, mientras que Marcos y Mateo concentran nuestra atención en la unción de la cabeza de Jesús, lo cual evoca a la unción de los reyes en el Antiguo Testamento, Juan destaca la devoción humilde de María al ungir los pies de Jesús y secarlos con su cabello.[11]

En los tres relatos de los Evangelios, a la mujer se la critica por sus acciones y Jesús la defiende con ímpetu. Marcos escribe:

Pero algunos estaban indignados y se decían unos a otros: «¿Para qué se ha hecho este desperdicio de perfume? Porque este perfume podía haberse vendido por más de 300 denarios, y el dinero dado a los pobres». Y la reprendían. Pero Jesús dijo: «Déjenla; ¿por qué la molestan? Buena obra ha hecho para Mí. Porque a los pobres siempre los tendrán con ustedes; y cuando quieran les podrán hacer bien; pero a Mí no siempre me tendrán. Ella ha hecho lo que ha podido; se ha anticipado a ungir Mi cuerpo para la sepultura. Y en verdad les digo, que dondequiera que

11. Ver Bauckham, *Beloved Disciple*, 188.

el evangelio se predique en el mundo entero, también se hablará de lo que esta ha hecho, para memoria suya». (Mar. 14:4-9; ver también Mat. 26:6-13)

La extravagancia de la defensa de Jesús concuerda con la extravagancia de las acciones de María. Él dice que María ha hecho «buena obra», y profetiza que dondequiera que se anuncie el evangelio en el mundo, se contará su historia en memoria de ella. Sin embargo, en vez de recibir la unción de Su cabeza como reconocimiento de Su condición de rey, Jesús la recibe como una unción para el entierro. Jesús se dirige a la muerte. Sabe que el camino hacia Su reino pasa por la cruz.

El Evangelio de Juan no solo identifica a la mujer que ungió a Jesús como María de Betania, sino que también identifica al que la criticó:

Y Judas Iscariote, uno de Sus discípulos, el que lo iba a entregar, dijo: «¿Por qué no se vendió este perfume por 300 denarios y se dio a los pobres?». Pero dijo esto, no porque se preocupara por los pobres, sino porque era un ladrón, y como tenía la bolsa del dinero, sustraía de lo que se echaba en ella. Entonces Jesús dijo: «Déjala, para que lo guarde para el día de Mi sepultura. Porque a los pobres siempre los tendrán con ustedes; pero a Mí no siempre me tendrán». (Juan 12:4-8)

La devoción fiel de María de Betania a Jesús marca un fuerte contraste con la traición de Judas. Mientras María gasta su dinero en prodigarle amor a Jesús, Judas roba del ministerio del Señor —un dinero que probablemente proveían discípulas como Juana—, y luego acepta también dinero de los enemigos de Jesús para traicionarlo. María de Betania es la discípula que Judas Iscariote debería haber sido.

En el relato de Marcos, a pesar de que no se nombra ni a María ni a Judas, el contraste entre Judas y la mujer sigue siendo marcado. Marcos suele anidar una historia entre dos partes de otra para destacar una conexión, y el relato de Marcos de la mujer que ungió a Jesús está en medio de la traición de Judas a Jesús —mientras «los principales sacerdotes y los escribas buscaban cómo prender y matar a Jesús» (Mar. 14:1)— y el ofrecimiento de Judas de entregar al Señor a cambio de dinero (vv. 10-11). Tal como predijo Jesús, a María de Betania se la recuerda al día de hoy por lo que hizo. A Judas también. Por cierto, aunque Juan brinda un relato más breve de la respuesta de Jesús, tomando distintos hilos de lo que el Señor dijo, la acción de Juan al nombrar a María en este momento cumple la profecía que registró Marcos de que siempre se la recordaría por lo que hizo.

¿Cómo vemos a Jesús a través de los ojos de María de Betania? Lo vemos como Aquel que merece todo su amor extravagante, Aquel en quien nada podría desperdiciarse. Lo vemos como Aquel que, una vez más, la defiende de las críticas. Lo vemos como Aquel que ve su belleza en sus acciones, y que valida su amor con honra (Mar. 14:6-9). María estaba «sentada a los pies del Señor» cuando Él fue por primera vez a la casa de Marta en Betania (Luc. 10:39). Ella «se arrojó a Sus pies» y lloró cuando el Señor se le acercó después de la muerte de Lázaro (Juan 11:32). Ahora, derrama perfume sobre Sus pies y los seca con su cabello (Juan 12:3). María de Betania conoce cuál es su lugar: a los pies de Jesús, donde todo discípulo pertenece.

A diferencia de María Magdalena, Juana, Susana y muchas otras mujeres, María y Marta de Betania no viajaban con Jesús. Sin embargo, estaban entre Sus seguidores más cercanos. En estas hermanas, vemos a dos mujeres a las que Jesús amó. Una recibió un elogio eterno de Su parte. La otra recibió algunas de las palabras más asombrosas que jamás haya pronunciado Jesús. Entonces, ¿Jesús tenía discípulas? Sí, absolutamente. Y 2000 años más tarde, dondequiera que se lean los Evangelios en todo el mundo, se cuentan sus historias.

PREGUNTAS DE DEBATE

Para comenzar: ¿A quién disfrutas de «seguir», tal vez por las redes sociales, al leer sus libros, mirar o escuchar su programa, o consumir su arte?

1. ¿Qué suele indicar en los Evangelios que se llame a alguien por su nombre? ¿Cómo influye esto la manera en que entendemos las historias de las mujeres que seguían a Jesús a las que se llama por su nombre?

2. ¿Qué clase de mujeres se transformaban en discípulas de Jesús?

3. ¿Qué sabemos sobre María Magdalena? ¿Por qué es una discípula insólita?

4. ¿De qué manera la inclusión de Juana en el Evangelio de Lucas refuta algunas de las suposiciones comunes sobre cómo Jesús veía a Sus discípulas?

5. ¿Cómo forman las mujeres de este capítulo tu comprensión de lo que significa ser discípulo o seguidor de Jesús?

6. ¿Cuándo has luchado con que Dios no responda tus oraciones como esperabas? ¿Cómo pueden las interacciones de Jesús con María y Marta en torno a la muerte de Lázaro afectar tu manera de responder a ese dolor?

7. ¿De qué manera te has visto tentado a no entregarle todo a Jesús? ¿De qué manera la historia de

cómo María derramó un carísimo perfume a los pies de Jesús te libera para adorar generosamente?

8. ¿Cómo ves a Jesús de manera más significativa a través de los ojos de estas mujeres?

Para profundizar: Lee Juan 11:1-44.

1. ¿Cuántas veces aparece en este pasaje alguna forma de la palabra «morir» o «muerte»?

2. ¿Qué dice Jesús respecto a la enfermedad de Lázaro en el versículo 4? ¿En qué sentido la afirmación de Jesús en el versículo 14 parece contradictoria? ¿Cómo traen los versículos 25 y 44 una resolución a esta tensión?

3. ¿Por qué Jesús permitió que Lázaro muriera, según los versículos 4-6, 15, 25-27 y 40-42? ¿Qué revelan estos sucesos sobre la naturaleza de ser un discípulo de Jesucristo?

CAPÍTULO 3

SUSTENTO

«ODIO LA COMIDA».

Mi hijo Luke, de tres años de edad, estaba atravesando una fase. «Odio la comida» al almuerzo. «Odio la bebida» cuando le ofrecía su vasito. Incluso, en un susurro conspirador: «Odio la gente» Pero, al escuchar que había hecho pasta para la cena: «¡Te quiero! ¡Soy feliz como una perdiz!».

Tal vez no expresemos nuestros sentimientos con la misma fuerza que Luke. Pero creo que, en el caso de la mayoría, nuestra relación con la comida y la bebida es mixta. La buena comida puede traernos gozo; especialmente, cuando la compartimos con seres queridos. Sin embargo, hay un lado sombrío. Estamos plagados de estrés por la imagen corporal en un mundo de delgadez idealizada para las mujeres y una musculatura libre de grasa para los hombres. Acudimos a la comida o la bebida para reconfortarnos o cubrir nuestro dolor... algo que nos dé la ilusión de control o un medio de escape.

El mundo del primer siglo en el Cercano Oriente, donde se desarrollan los Evangelios, era muy distinto del mundo occidental del siglo XXI en el que vivimos. Para la mayoría de las mujeres en esa época, la pregunta más apremiante en cuanto a la comida y la bebida no era «¿cuánto es demasiado?», sino «¿habrá suficiente?». Esta sigue siendo la pregunta para muchas mujeres en el mundo hoy. Pero ya sea que luchemos con carencia o exceso, nuestra necesidad humana básica de sustento nos conecta con todas las personas a través de los tiempos. En este capítulo, examinaremos cuatro conversaciones que Jesús mantiene con mujeres, que giran en torno a la comida y la bebida. A medida que Jesús habla con estas mujeres sobre el agua, el pan y el vino espirituales, lo vemos a través de sus ojos como Aquel del cual viene el verdadero sustento. También lo vemos como el que nos ve realmente en nuestros mejores y peores momentos, y el cual nos da una identidad aparte de cualquier cosa que los medios sociales puedan captar o que la vejez pueda robar.

AGUA EN VINO

Mi esposo y yo nos casamos dos veces. Primero, en Cambridge, Reino Unido, en junio, y después en la ciudad de Oklahoma en octubre. En Inglaterra, las bodas incluyen alcohol. Tradicionalmente, la familia de la novia paga la boda, y la del novio, paga el vino. Pero en Oklahoma, donde Bryan creció, hay una tradición fuerte entre los cristianos de no beber nada de alcohol, así que nuestra boda de Oklahoma fue un evento seco. Entiendo ambas posturas. La Biblia claramente nos advierte en contra de la embriaguez, y vidas y familias enteras pueden descarrilarse debido al alcohol.[1] Para muchos, la abstinencia es algo sabio. Pero el primer milagro registrado en el Evangelio de Juan no es una sanidad ni una resurrección. Es la historia de cuando Jesús, durante una boda, transformó litros y litros de agua en el más delicioso vino.

Esta historia es la primera vez en la que se menciona a María, la madre de Jesús, en Juan. Jesús y María están en una boda en Caná, un pueblito al norte de Nazaret, y se acaba el vino. María encuentra a su hijo y le dice: «No tienen vino» (Juan 2:3). La respuesta de Jesús nos resulta extraña: «Mujer, ¿qué nos interesa esto a ti y a

---

1. Por ejemplo, en su carta a la iglesia de Éfeso, el apóstol Pablo escribe: «Y no se embriaguen con vino, en lo cual hay disolución, sino sean llenos del Espíritu» (Ef. 5:18).

Mí? Todavía no ha llegado Mi hora» (v. 4). Que Jesús llame «mujer» a su madre nos resulta irrespetuoso. Pero no es así. La connotación no es equivalente, sino que, así como llamar «hombre» o «chico» a alguien en español denota un tono amigable e informal, llamar a alguien «mujer» en la cultura judía del primer siglo no era nada peyorativo. Una traducción más literal de lo que dice a continuación sería: «¿qué tiene que ver eso con nosotros?». Ni Jesús ni su madre estaban organizando la boda, así que no era su problema que se acabara el vino. Pero Jesús añade otro comentario extraño: «Todavía no ha llegado Mi hora». En el Evangelio de Juan, la «hora» de Jesús señala a Su crucifixión.[2] Tal vez Jesús se refería a que revelar Su poder ahora causaría la clase de problemas que podrían terminar con Su vida, y todavía no era el momento para eso. Pero en lugar de responder a Jesús, María les dice a los siervos: «Hagan todo lo que Él les diga» (v. 5). No sabe lo que Jesús hará, pero sabe que la respuesta correcta es una confianza absoluta en la dirección de Jesús.

---

2. En Juan 7:30 y 8:20, Jesús escapó de un arresto «porque todavía no había llegado Su hora», mientras que, en Juan 12:23, anticipando la crucifixión, Jesús declara que «ha llegado la hora para que el Hijo del Hombre sea glorificado», y añade: «Ahora Mi alma se ha angustiado; y ¿qué diré: "Padre, sálvame de esta hora"? Pero para esto he llegado a esta hora» (12:27). Ver también «sabiendo Jesús que Su hora había llegado para pasar de este mundo al Padre» (13:1) y «Padre, la hora ha llegado; glorifica a Tu Hijo, para que el Hijo te glorifique a Ti» (17:1).

Jesús les dice a los siervos que llenen seis tinajas de entre 75 y 110 litros (20 a 30 galones) con agua. Una vez que están llenas hasta el borde, Jesús dice: «Saquen ahora un poco y llévenlo al mayordomo» (v. 8). Cuando el mayordomo prueba el líquido, llama al novio y dice: «Todo hombre sirve primero el vino bueno, y cuando ya han tomado bastante, entonces el inferior; pero tú has guardado hasta ahora el vino bueno» (v. 10). El novio era el responsable de proveer el vino para la boda. Pero Jesús se pone en el rol del novio y provee no solo *más* vino, sino un vino *mejor* del que los invitados ya habían tomado. Esta pista sobre la identidad de Jesús se desarrolla mejor en el próximo capítulo de Juan, cuando Juan el Bautista declara sobre Jesús:

El que tiene la novia es el novio, pero el amigo del novio, que está allí y le oye, se alegra en gran manera con la voz del novio. Y por eso, este gozo mío se ha completado. (Juan 3:29)[3]

El Antiguo Testamento representa a Dios como un esposo amoroso y fiel de Israel, Su esposa tantas veces infiel.[4] En el Nuevo Testamento, Jesús toma el rol del Novio.

---

3. Ver también en Marcos, cuando los fariseos le preguntan a Jesús por qué Sus discípulos no ayunaban: «¿Acaso pueden ayunar los acompañantes del novio mientras el novio está con ellos?» (Mar. 2:19).

4. Ver, por ejemplo, Isa. 54:5; Jer. 2:2; 3:1; Os. 2; Ezeq. 16.

El milagro de agua en vino de Jesús señala tanto a Su identidad como el Novio, como también a la provisión gozosa de Dios para Su pueblo. La Biblia promete un banquete futuro de comida exquisita y vino añejo. Por ejemplo, Isaías declara:

El SEÑOR de los ejércitos preparará en este monte
para todos los pueblos
un banquete de manjares suculentos,
Un banquete de vino añejo,
pedazos escogidos con tuétano,
Y vino añejo refinado. (Isa. 25:6)[5]

Así como con tantas otras cosas que Dios creó, la comida y la bebida más espléndidas señalan Su amor sin medida para con nosotros. Cuando Jesús provee el vino más exquisito para la boda en Caná, muestra que Él es la fuente de ese banquete futuro; el banquete donde toda nuestra sed será saciada y nuestro deseo de risas, conexión y gozo será satisfecho.

Su madre, María, sabe lo que puede hacer, así que lo llama. Pero la próxima conversación de Jesús con una mujer en el Evangelio de Juan es con una completa extraña.

---

5. Ver también la invitación del Señor más adelante en Isaías: «Todos los sedientos, vengan a las aguas; y los que no tengan dinero, vengan, compren y coman. Vengan, compren vino y leche sin dinero y sin costo alguno» (Isa. 55:1).

AGUA VIVA

Podríamos esperar que una conversación con Su madre fuera el diálogo más largo de Jesús con una mujer. Después de todo, ella sería la mujer más adecuada para que un rabino soltero pudiera conversar; en especial, en privado. En cambio, la conversación privada más larga registrada de Jesús con alguien en los Evangelios es con una mujer a la cual los hombres judíos habrían evitado a toda costa. Esta mujer es la primera persona en el Evangelio de Juan a la cual Jesús se revela explícitamente como el Cristo, y es la última persona con la cual un rabino respetable habría pasado tiempo a solas.

Jesús y Sus discípulos están de camino desde Judea (al sur) a Galilea (al norte), y se detienen cerca de un pueblo samaritano. Samaria estaba justo en medio de Judea y Galilea, pero los judíos solían tomar una ruta enrevesada con tal de evitar pasar por allí, debido a la hostilidad que había entre judíos y samaritanos. Después de que los asirios conquistaron el reino del norte de Israel en 722 a. C., la mayoría de los residentes israelitas fueron deportados. Algunos quedaron y se casaron con extranjeros que se habían instalado allí desde otras partes del Imperio asirio (2 Rey. 17:24-41). Este matrimonio mixto produjo a los samaritanos. Los judíos veían a los samaritanos como gente contaminada, tanto en el sentido racial como religioso. Al igual que los judíos, adoraban al Señor, pero solo reconocían los primeros cinco libros de la Biblia, y mientras que los judíos adoraban en el templo de Jerusalén en el Monte Sión, los samaritanos habían construido un templo alternativo en el Monte Gerizim. Los judíos destruyeron el templo samaritano en 128 a. C., cimentando así la enemistad entre los dos grupos. Pero en vez de llevar a Sus discípulos por un lugar alejado del territorio samaritano, Jesús los lleva a pasar justo por el medio.

Es el mediodía y, cansado del viaje, Jesús se sienta en el pozo de Jacob a descansar. Sacar agua de un pozo era tradicionalmente una tarea de las mujeres, y para evitar el calor abrasador, las mujeres iban temprano por la mañana o al atardecer. Pero mientras Jesús está sentado en el pozo al mediodía, una mujer samaritana se acerca a sacar agua, y Jesús le pide de beber (Juan 4:7). Juan eleva la tensión informando que los discípulos habían ido al pueblo a comprar comida (v. 8). Al parecer, Jesús está solo. Está cruzando las líneas de segregación incluso al hablar con esta mujer, y mucho más al pedirle que comparta con él su vasija. «¿Cómo es que Tú, siendo judío, me pides de beber a mí, que soy samaritana?». (v. 9). En caso de que sus lectores no entiendan bien lo tabú que esto sería, Juan añade: «Porque los judíos no tienen tratos con los samaritanos» (v. 9). Al mirar a través de los ojos de esta samaritana en este momento, vemos a Jesús como un hombre judío que pisotea las barreras étnicas y sociales de su época. Tal vez ella se pregunta qué estará tramando *en realidad*. Pero Jesús no está ahí por lo que pueda obtener. Está ahí por lo que puede dar.

«Si tú conocieras el don de Dios, y quién es el que te dice: "Dame de beber", tú le habrías pedido a Él, y Él te hubiera dado agua viva», le responde (v. 10). La mujer cree que lo sorprendente de que Jesús le pida de beber es que está cruzando grandes brechas sociales. Pero Jesús afirma que lo que *en realidad* es sorprendente es que Él le esté pidiendo de beber, y no al revés. «Agua viva» podía significar sencillamente agua fresca de un manantial. Pero las palabras también conllevaban un peso espiritual. A través del profeta Jeremías, Dios se lamentó: «Porque dos males ha hecho Mi pueblo: me han abandonado a Mí, fuente de aguas vivas, y han cavado para sí cisternas, cisternas agrietadas que no retienen el agua» (Jer. 2:13). Más adelante, Jeremías declara: «Porque abandonaron al Señor, fuente de aguas vivas» (17:13). Sentado junto a un pozo literal, Jesús remarca un punto teológico: Él es el Señor, la fuente del agua viva.

La mujer samaritana no entiende a qué se refiere. Pero, aun así, se da cuenta de que está afirmando algo audaz:

«Señor, no tienes con qué sacarla, y el pozo es hondo; ¿de dónde, pues, tienes esa agua viva? ¿Acaso eres Tú mayor que nuestro padre Jacob, que nos dio el pozo

del cual bebió él mismo, y sus hijos, y sus ganados?».
(Juan 4:11-12)

Tanto judíos como samaritanos se consideraban los verdaderos portadores de la antorcha que pasó Abraham a través de Isaac y Jacob, el padre de las doce tribus de Israel. Afirmar ser mayor que Jacob implicaba jactarse. Desde la perspectiva de esta mujer, la respuesta a su pregunta tenía que ser no. Sin duda, ¡este rabino judío no podía pensar que era más grande que Jacob! Pero, en lugar de responder a su pregunta, Jesús eleva la apuesta:

«Todo el que beba de esta agua volverá a tener sed, pero el que beba del agua que Yo le daré, no tendrá sed jamás, sino que el agua que Yo le daré se convertirá en él en una fuente de agua que brota para vida eterna». (vv. 13-14)

Aquí, Jesús profundiza más en la metáfora de Jeremías: Él es la fuente de agua viva, y cualquiera que lo reciba, a su vez, se transformará él mismo en un manantial. Más adelante, Jesús hablará de lo mismo en el Evangelio de Juan. Al estar en el templo, exclamará: «Si alguien tiene sed, que venga a Mí y beba. El que cree en Mí, como ha dicho la Escritura: "De lo más profundo de su ser brotarán ríos de agua viva"» (Juan 7:37-38). Pero antes de declarar esto en público a sus compatriotas judíos en el lugar más esperado, Jesús se lo declara en privado a esta extranjera en el lugar menos esperado.

La mujer samaritana responde con una mezcla de incomprensión y esperanza: «Señor, [...] dame esa agua, para que no tenga sed ni venga hasta aquí a sacarla» (Juan 4:15). Ella quiere lo que Jesús afirma tener. Pero no puede ver lo que realmente está ofreciendo. Demasiadas veces, me encuentro en este lugar: veo a Jesús como un medio para un fin, y le ruego por las cosas que quiero, o incluso que necesito. Quizás te identifiques con esto. Tal vez Jesús funciona en tu vida como un Papá Noel etéreo: alguien a quien puedes enviarle tu lista de deseos, y el cual aporta un matiz de magia a los bordes de tu vida cotidiana. Pero, aunque Jesús es la fuente de toda buena dádiva que tenemos, y aunque le encanta escuchar tus oraciones, si conociéramos el don de Dios, y con quién estamos hablando, lo primero que le pediríamos es que nos diera Su persona.

A continuación, lo que hace Jesús tal vez suene diferente para sus oídos antiguos y los nuestros más modernos. «Ve, llama a tu marido y ven acá», le dijo (v. 16). Desde una perspectiva del primer siglo, este pedido llega tarde. Esta conversación de uno a uno era absolutamente inapropiada. Hubiera sido mucho mejor que el esposo de la mujer estuviera ahí. Desde nuestra perspectiva, puede parecer misógino; como si Jesús no quisiera hablar con ella por mérito propio. Pero a medida que se desarrolla la conversación, descubrimos que ambas interpretaciones de las palabras de Jesús son erradas. La mujer responde: «No tengo marido» (v. 17), y Jesús le muestra Sus cartas al revelar las de ella:

> «Bien has dicho: "No tengo marido", porque cinco maridos has tenido, y el que ahora tienes no es tu marido; en eso has dicho la verdad». (vv. 17-18)

¿Por qué dice esto Jesús? ¿Acaso quiere avergonzarla? No. Le está diciendo que conocía su historia cuando le pidió de beber. Es posible que esta mujer hubiera sido deshonrada moralmente; pasada de hombre en hombre... para entonces, no mucho mejor que una prostituta. O quizás había quedado viuda varias veces y ahora estaba viviendo en un matrimonio *de facto*. No sabemos todos los detalles. Pero Jesús sí. Y no se aleja de esta extranjera sexualmente sospechosa. En cambio, usa lo que sabe de su identidad para revelarle más de la de Él.

¿Cómo vemos a Jesús a través de los ojos de esta mujer? Ella nos dice: «Señor, me parece que Tú eres profeta» (v. 19). La mujer samaritana ve que Jesús es un profeta porque Él ve toda su historia. Esta extranjera no pasa inadvertida para el Hijo de Dios. Jesús conoce la historia de su vida, tal como conoce la tuya y la mía.

Al entender que está hablando con un profeta, la mujer samaritana presenta una pregunta teológica:

«Nuestros padres adoraron en este monte, y ustedes dicen que en Jerusalén está el lugar donde se debe adorar» (v. 20). El monte al que se refiere —el Monte Gerizim— se podría ver desde el pozo de Jacob. Pero en lugar de argumentar que Jerusalén es el lugar correcto para adorar, Jesús responde:

«Mujer, cree lo que te digo: la hora viene cuando ni en este monte ni en Jerusalén adorarán ustedes al Padre. Ustedes adoran lo que no conocen; nosotros adoramos lo que conocemos, porque la salvación viene de los judíos. Pero la hora viene, y ahora es, cuando los verdaderos adoradores adorarán al Padre en espíritu y en verdad; porque ciertamente a los tales el Padre busca que lo adoren. Dios es espíritu, y los que lo adoran deben adorar en espíritu y en verdad». (vv. 21-24)

En la boda de Caná, Jesús le dijo a Su madre que Su hora todavía no había llegado (Juan 2:4). Ahora, le dice a la mujer samaritana que «la hora viene» cuando los verdaderos adoradores de Dios adorarán no solo en templos, sino en espíritu y en verdad. Es más, dice, la hora ha llegado. «Sé que el Mesías viene (el que es llamado Cristo)» —responde ella. «Cuando Él venga nos declarará todo» (Juan 4:25). Jesús le responde: «Yo soy, el que habla contigo» (v. 26).

Como observa el erudito del Nuevo Testamento, Craig Evans, la afirmación de Jesús es «enfática e inusual» en griego, así como también suena algo extraña en español.[6] En realidad, es la primera de las declaraciones de «Yo soy» de Jesús. Como vimos en el último capítulo, casi todas las declaraciones de «Yo soy» en Juan se les dicen a grupos de personas. Las dos excepciones son las palabras de Jesús a Marta —«Yo soy la resurrección y la vida» (Juan 11:25)— y Su respuesta a esta mujer samaritana. Esta es la primera vez en Juan en la que Jesús declara explícitamente que es el Mesías. Y, al hacerlo, Jesús hace otra declaración incluso más extraordinaria.

Cada una de las declaraciones de «Yo soy» de Jesús nos permite vislumbrar algo nuevo sobre quién es. Al principio, Sus palabras a la samaritana parecen la excepción. Pero si miramos más de cerca, Jesús nos *está* permitiendo vislumbrar algo sobre Su identidad cuando le dice a esta mujer: «Yo soy, el que habla contigo». Jesús afirma que es el Mesías y el verdadero Dios del pacto. Pero también es el que está hablando con esta extranjera sexualmente sospechosa. Podría haber dicho simplemente: «¡Ese soy yo!». Pero, al mirar a Jesús a través de los ojos de esta mujer, lo vemos como el Rey prometido tiempo atrás y el Dios eterno, que elige conversar con

---

6. Ver Craig A. Evans, *The Bible Knowledge Background Commentary: John's Gospel, Hebrews–Revelation* (Colorado Springs: David C. Cook, 2005).

ella. Por más insignificante que pensemos que somos, por más marginados que nos sintamos, por más veces que nos hayan abandonado o hecho a un lado, aquí vemos a Jesús como el Dios que quiere pasar tiempo con nosotros.

Justo cuando Jesús le revela a la mujer quién es Él, vuelven los discípulos. Se quedan atónitos al verlo hablando con ella, pero no se atreven a preguntarle por qué (Juan 4:27). Después, Juan nos brinda este detalle hermosamente evocador: «Entonces la mujer dejó su cántaro, fue a la ciudad y dijo a los hombres: "Vengan, vean a un hombre que me ha dicho todo lo que yo he hecho. ¿No será este el Cristo?"» (vv. 28-29). Cuando Jesús llamó a Simón Pedro y a Andrés, ellos dejaron sus redes y lo siguieron (Mat. 4:18-20). Cuando Jesús llamó a Jacobo y a Juan, ellos dejaron su barca y a su padre y lo siguieron (vv. 21-22). Esta mujer deja atrás su vasija de agua y va a hablarles a las personas de su pueblo sobre quién es Jesús. ¿Qué evidencia tiene de la identidad de Jesús como el Rey prometido por Dios mucho tiempo atrás? Que le dijo todo lo que ella había hecho.

Todos anhelamos ser profundamente conocidos y amados. Pero, a menudo, también sentimos la necesidad de manejar cuánto nos conocen, porque si la gente realmente conociera la verdad sobre nosotros —nuestros pensamientos más oscuros, nuestra envidia, nuestros engaños, nuestra lujuria, nuestras relaciones fallidas—, tememos que no nos amaría. En Jesús, esta mujer vio a un hombre que la conocía hasta lo más profundo de su ser. Junto al pozo, podría haberla ignorado o haberse alejado de ella. En cambio, suplió su necesidad más profunda y le dijo quién es Él.

El conocimiento de Jesús acerca de esta mujer se volvió central para lo que ella comunicó sobre Él. Juan nos dice:

Y de aquella ciudad, muchos de los samaritanos creyeron en Él por la palabra de la mujer que daba testimonio, diciendo: «Él me dijo todo lo que yo he hecho». De modo que cuando los samaritanos vinieron, rogaban a Jesús que se quedara con ellos; y Él se quedó allí dos días. Muchos más creyeron por Su palabra, y decían a la mujer: «Ya no creemos por lo que tú has dicho, porque nosotros mismos le hemos oído, y sabemos que Este es en verdad el Salvador del mundo». (Juan 4:39-42)

A través del mensaje de esta mujer sobre Jesús, las personas que habían sido criadas para odiar a los judíos llegaron a escuchar a este rabino judío y le pidieron que se quedara con ellas. Cuando les habló como había hablado a la mujer junto al pozo, ellos lo conocieron como es en verdad: el Salvador del mundo, Aquel cuya agua viva está a disposición de cualquiera que tenga sed y se acerque a Él.

PAN DE NIÑOS

En Marcos y Mateo, otra conversación con una extranjera enfatiza el alcance universal de la misión de Jesús. La escena se desarrolla en una región gentil al norte de Galilea. Su contexto inmediato es una confrontación que Jesús tiene con los fariseos que se quejaban de que los discípulos de Jesús no se lavaban ritualmente las manos antes de comer. Jesús los llama hipócritas y explica que no es lo que entra al estómago lo que te hace impuro, sino lo que sale de tu corazón (Mat. 15:7-20; Mar. 7:6-23). Después, Jesús se levanta y se va para la región gentil de Tiro y Sidón (Mat. 15:21; Mar. 7:24)

Cuando llega, quiere permanecer oculto durante un tiempo. Pero Marcos nos dice que «enseguida, al oír hablar de Él, una mujer cuya hijita tenía un espíritu inmundo, fue y se postró a Sus pies». Marcos enfatiza la nacionalidad de la mujer: «La mujer era gentil, sirofenicia de nacimiento» (v. 26). Tiro y Sidón estaban en Fenicia, así que es una manera de comunicar que era habitante de la región, e inconfundiblemente no judía. Mateo muestra lo mismo con otra palabra, llamándola «una mujer cananea que había salido de aquella región» (Mat. 15:22). Los cananeos eran los habitantes originales de la tierra que Dios les prometió a los israelitas. Ya no existían como un pueblo particular, pero al llamar a esta mujer cananea, Mateo enfatiza su etnia y su religión extranjera. Esta mujer es una absoluta forastera. Sin embargo, descubrimos que entiende mejor quién es Jesús que los líderes judíos que acababan de estar con Él.

En el relato de Mateo, la mujer se acercó a Jesús y clamó: «Señor, Hijo de David, ten misericordia de mí; mi hija está terriblemente endemoniada» (v. 22). Pero así como cuando María y Marta lo llamaron por primera vez para que las ayudara, Jesús no responde. La extranjera no se da por vencida. Sigue pidiendo, tanto es así que los discípulos de Jesús le ruegan: «Despídela, porque viene detrás de nosotros gritando» (v. 23, NVI). Pero, en vez de responder a su pedido, Jesús por fin le responde a la mujer: «No he sido enviado sino a las ovejas perdidas de la casa de Israel» (v. 24). Jesús usa este lenguaje anteriormente en Mateo, cuando envía a Sus doce apóstoles a predicar y sanar, instruyéndolos: «No vayan por el camino de los gentiles ni entren en ninguna ciudad de los samaritanos. Sino vayan más bien a las ovejas perdidas de la casa de Israel» (Mat. 10:5-6). Los judíos debían recibir el mensaje de salvación primero. Pero la mujer no se desanima. Se arrodilla delante de Jesús, diciendo simplemente: «¡Señor, ayúdame!» (Mat. 15:25). Cuando Luke, mi hijo de tres años, no logra llamar mi atención, a veces viene, toma mi rostro entre sus manos y me pregunta algo nariz a nariz. Esta mujer se está arrodillando delante de Jesús, pero el efecto es el mismo.

La respuesta de Jesús nos resulta escandalosa: «No está bien tomar el pan de los hijos, y echárselo a los perrillos» (v. 26). En el Antiguo Testamento, a los israelitas se los solía llamar hijos de Dios. A su vez, los judíos de la época a veces se referían a los gentiles como perros. Los discípulos judíos de Jesús seguramente asintieron mientras Él hablaba. Pero en lugar de retroceder ante el insulto, la mujer toma la metáfora de Jesús, y dice: «Sí, Señor; pero también los perrillos comen de las migajas que caen de la mesa de sus amos» (v. 27). Jesús acaba de salir de hablar con los fariseos, que estaban tratando de enseñarle una lección acerca de cómo tenían que comer Sus discípulos. Los llamó «hipócritas» y «ciegos guías de ciegos» (vv. 7, 14), los cuales no tenían ni la menor idea de lo que estaban hablando. Pero esta mujer entiende lo que los fariseos no entendieron. Sabe que no tiene derecho de sentarse a la mesa de Jesús, y precisamente, Jesús recibe a aquellos que saben que no tienen ningún derecho. Le responde: «Oh mujer, grande es tu fe; que te suceda como deseas». Y su hija se sana al instante (v. 28).

Algunos comentaristas sugieren que esta mujer gentil hizo cambiar de opinión a Jesús. Pero la inclusión de los gentiles por parte de Jesús ya se estableció anteriormente en Mateo, mediante Su interacción con un centurión romano. Este quería que Jesús sanara a su siervo, el cual estaba sufriendo muchísimo, pero sabía que no era digno de que el Señor fuera a su casa. La humildad y la confianza del hombre impresionaron tanto a Jesús que les dijo a Sus discípulos:

«En verdad les digo que en Israel no he hallado en nadie una fe tan grande. Y les digo que vendrán muchos del oriente y del occidente, y se sentarán a la mesa con Abraham, Isaac y Jacob en el reino de los cielos. Pero los hijos del reino serán arrojados a las tinieblas de afuera; allí será el llanto y el crujir de dientes». (Mat. 8:10-12)

Jesús reconoce que Sus compatriotas judíos son los herederos legítimos del reino de Dios: los «hijos del reino» o, como le dijo a la sirofenicia, «los hijos». Pero a cualquier judío que le dé la espalda a Jesús se lo arrojará del reino, mientras que a cualquier gentil que lo acepte se le dará la bienvenida. La mujer sirofenicia no hace que Jesús cambie de opinión. En cambio, su interacción le da la oportunidad de mostrar su fe humilde.

¿Cómo vemos a Jesús a través de los ojos de esta desesperada mujer gentil? Lo vemos como el Hijo de David, con el poder de sanar y salvar de enfermedades espirituales, y como Aquel al que no merecemos, pero que aun así, nos muestra misericordia. Vemos que incluso las migajas que caen de la mesa de Jesús son suficientes para nosotros, pero que Jesús recibirá a todos los que confíen en Él en el banquete eterno. La mujer sirofenicia se arrodilla ante Jesús y pide por su hija. La próxima mujer que hace lo mismo en Mateo no solo es judía, sino que es la madre de dos de los discípulos más cercanos de Jesús. Sería de esperar que Jesús la escuchara. Pero a medida que la escena se desarrolla, vemos un resultado muy distinto.

COPA AMARGA

Cuando Jesús llama a Jacobo y a Juan a que lo sigan, ellos están en una barca con su padre Zebedeo, remendando las redes. Pero ante el llamado de Jesús, ellos «dejando al instante la barca y a su padre, lo siguieron» (Mat. 4:22). En los cuatro Evangelios, a estos hermanos se los llama «los hijos de Zebedeo». No se menciona a su madre hasta el momento. Pero después de que Jesús predice Su crucifixión y resurrección por tercera vez, Mateo escribe: «Entonces se acercó a Jesús la madre de los hijos de Zebedeo con sus hijos, y postrándose ante Él, le pidió algo» (Mat. 20:20). Sus primeras palabras registradas muestran que, al igual que los apóstoles de Jesús, ella no ha entendido de qué se trata el reino del Señor. Jesús le pregunta: «¿Qué deseas?», y ella responde: «Ordena que en Tu reino estos dos hijos míos se sienten uno a Tu derecha y el otro a Tu izquierda» (v. 21). Cuando Marcos cuenta la historia, concentra nuestra atención en Jacobo y Juan (Mar. 10:35-40). Claramente, la madre y los hijos están unidos en su pedido. Pero Mateo destaca el rol de la madre.

¿Cómo vemos a Jesús a través de los ojos de la madre de los hijos de Zebedeo? Vemos su fe en que Jesús es el Rey prometido de Dios y es el que puede conceder privilegio y prestigio a Sus seguidores más fieles. Si eres como yo, tal vez alguna vez miraste a Jesús de esta manera. Te has arrodillado ante Él no para adorar, sino para pedirle que cumpla tus deseos de éxito. Tal vez esta mujer razonó que no estaba siendo egoísta. Después de todo, no era algo para *ella,* sino para sus muchachos. Pero todo padre sabe cuán fácil puede ser vivir nuestros propios sueños a través de nuestros hijos y convencernos de que no es egoísta.

Jesús responde a esta madre, diciendo: «No saben lo que piden. ¿Pueden beber la copa que Yo voy a beber?» (Mat. 20:22). Jesús habla en plural, probablemente dirigiéndose a los tres, pero Jacobo y Juan son los que responden a Su pregunta: «Podemos» (v. 22). No entienden más que su madre. Esta mujer cree que está garantizando un prestigio para sus hijos. Pero Jesús le dice que está pidiendo sufrimiento.

La próxima vez que se menciona a los hijos de Zebedeo en Mateo es la noche en la que Jesús es traicionado. Él va con Sus discípulos a un lugar llamado Getsemaní y les dice: «Siéntense aquí mientras Yo voy allá y oro» (Mat. 26:36). Pero luego, toma «con Él a Pedro y a los dos hijos de Zebedeo» y avanza un poco más (v. 37). Les dice: «Mi alma está muy afligida, hasta el punto de la muerte; quédense aquí y velen junto a Mí». Y adelantándose un poco, cae sobre Su rostro y ora: «Padre Mío, si es posible, que pase de Mí esta copa; pero no sea como Yo quiero, sino como Tú quieras» (vv. 38-39).

En el Antiguo Testamento, la copa de Yahvéh significaba Su juicio contra el pecado. El profeta Jeremías escribe: «Porque así me ha dicho el SEÑOR, Dios de Israel: "Toma de Mi mano esta copa del vino del furor, y haz que beban de ella todas las naciones a las cuales Yo te envío"» (Jer. 25:15). Asombrosamente, la primera «nación» a la cual se le pasa la copa es el mismísimo pueblo de Dios (v. 18). Isaías, Habacuc y Ezequiel usan la misma metáfora (Isa. 51:17-22; Hab. 2:16; Ezeq. 23:31). Cuando Jesús se enfrenta a la cruz, siente temor ante esta copa. ¿Acaso podrían beberla Jacobo y Juan? De ninguna manera. Es más, mientras Jesús está rogándole al Padre, Jacobo y Juan y todos Sus demás seguidores están profundamente dormidos. Pero más temprano esa noche, *habían* tomado vino de otra copa. Durante la cena, Jesús tomó una copa, y habiendo dado gracias, se la entregó a Sus discípulos, diciendo: «Beban todos de ella; porque esto es Mi sangre del nuevo pacto, que es derramada por muchos para el perdón de los pecados» (Mat. 26:27-28). Como Jesús bebería de la copa de la ira de Dios contra el pecado, podía compartir la copa de Su sangre derramada por el perdón de los pecados. Jacobo y Juan también terminarían bebiendo de la copa del sufrimiento como seguidores de Jesús. Por cierto, en el libro de Hechos, vemos el martirio de Jacobo (Hech. 12:2). Los hermanos responden a la pregunta de Jesús: «Podemos». Él les dice: «Mi copa ciertamente beberán, pero el sentarse a Mi derecha y a Mi izquierda no es Mío el concederlo, sino que es para quienes ha sido preparado por Mi Padre» (Mat. 20:22-23).

El resto de los doce apóstoles de Jesús se enojan cuando escuchan el pedido de Jacobo y Juan. ¿Cómo se atreven a intentar asegurarse dos lugares en el reino de Jesús? Sin embargo, Jesús los llama a acercarse y explica que, en el reino de Dios, la grandeza no viene con un poder interesado, sino con el servicio. «El que entre ustedes quiera llegar a ser grande, será su servidor», declara, «y el que entre ustedes quiera ser el primero, será su siervo; así como el Hijo del Hombre no vino para ser servido, sino para servir y para dar Su vida en rescate por muchos» (vv. 26-28). Seguramente, la madre de los hijos de Zebedeo sintió la fuerza de esta reprensión. Entendió todo mal. Pero no es la última vez que escuchamos sobre ella.

La madre de los hijos de Zebedeo es uno de los testigos oculares que Mateo menciona en la crucifixión de Jesús. En ese momento, descubrimos que lo había seguido desde los primeros días de Su ministerio en Galilea (Mat. 27:55-56). Esta mujer vio la acusación sobre Su cabeza: «ESTE ES JESÚS, EL REY DE LOS JUDÍOS» (v. 37). Vio a los dos criminales junto a Él, uno a la derecha y otro a la izquierda (v. 38). En ese momento, se debe haber dado cuenta de lo equivocada que había estado. Sin embargo, se quedó con Jesús hasta el final, y probablemente, más adelante vio a sus dos hijos, Jacobo y Juan, transformarse en testigos audaces de Jesús como el Cristo resucitado: el Rey que bebió la copa y entró a Su reino a través de la cruz.

«TENGO SED»

La madre de los hijos de Zebedeo no fue la única madre que vio morir a Jesús. El Evangelio de Juan nos dice que María, la madre de Jesús, también fue testigo de la crucifixión. María había calmado al bebé Jesús con su leche. Había visto al Jesús adulto transformar agua en vino. Ahora, ve al agonizante Jesús clamar sediento:

Después de esto, sabiendo Jesús que todo ya se había consumado, para que se cumpliera la Escritura, dijo: «Tengo sed». Había allí una vasija llena de vinagre. Colocaron, pues, una esponja empapada del vinagre en una rama de hisopo, y se la acercaron a la boca. Entonces Jesús, cuando hubo tomado el vinagre, dijo: «¡Consumado es!». E inclinando la cabeza, entregó el espíritu. (Juan 19:28-30)

¿Cómo vemos a Jesús a través de los ojos de Su madre en este momento? Vemos al que, teniendo el poder de transformar 680 litros (180 galones) de agua de seis vasijas de piedra en el vino más exquisito, experimenta sed y recibe un poco de vinagre. Vemos la espada que atraviesa el corazón de Su madre (como había profetizado Simeón), y el precio extraordinario que pagó Jesús para que pecadores como tú y yo pudieran comer y beber y vivir con Él para siempre.

Acudimos a la comida y la bebida para vida y consuelo, para descargo y fortaleza. Una y otra vez en los Evangelios, Jesús se presenta como el alimento y la bebida. Su primer «Yo soy» va dirigido a la mujer samaritana junto al pozo, después de ofrecerle agua viva. Pronuncia su segunda declaración de «Yo soy» después de alimentar a 5000 personas con cinco panes y dos peces: «Yo soy el pan de la vida; el que viene a Mí no tendrá hambre, y el que cree en Mí nunca tendrá sed» (Juan 6:35). Jesús es el agua viva y el pan vivo. El sustento que da surge de Su muerte. «En verdad les digo, que si no comen la carne del Hijo del Hombre y beben Su sangre, no tienen vida en ustedes. El que come Mi carne y bebe Mi sangre, tiene vida eterna, y Yo lo resucitaré en el día final» (vv. 53-54). No sé cuál es tu relación con la comida y la bebida hoy. No sé si detestas la comida y la bebida por la lucha que representan, o si comer y beber te trae gozo. Pero hay algo que sí sé: sin Jesús, nos moriremos de hambre. Con Él, disfrutaremos de un festín eterno, que infunde amor y cumple toda esperanza.

PREGUNTAS DE DEBATE

Para comenzar: ¿Cuál es tu bebida favorita para un día caluroso?

1. ¿Cómo revela Jesús Su identidad como el novio? ¿Por qué es tan significativo este título?

2. ¿Cuáles son algunos factores que hacen que la conversación de Jesús con la mujer junto al pozo sea tan controversial?

3. ¿Qué le revela Jesús sobre sí mismo a la mujer junto al pozo?

4. ¿Qué tienen en común la mujer junto al pozo y la mujer que le pidió a Jesús que sanara a su hija? ¿Qué revelan respecto al evangelio las interacciones de Jesús con ellas?

5. ¿Por qué crees que Jesús elige usar metáforas sobre la comida y la bebida para describirse a sí mismo y lo que ofrece? ¿Qué revelan estas metáforas sobre Su carácter?

6. ¿Dónde en tu vida estás experimentando un hambre insatisfecho?

7. ¿En qué sentido ver a Jesús como Aquel del cual proviene todo sustento real influye en tu forma de relacionarte con Él ahora?

8. ¿Cómo ves a Jesús de manera más significativa a través de los ojos de estas mujeres?

Para profundizar: Lee Juan 4:1-42.

1. ¿Qué dos cuestiones principales le revela Jesús a la mujer junto al pozo mientras conversan? Ver Juan 4:10.

2. ¿Con qué equipara Isaías 44:3 el agua derramada sobre la tierra sedienta? ¿Cómo influye este versículo en la manera en que entiendes el regalo de Dios al que se refiere Jesús en Juan 4:10? ¿Cómo respondería una audiencia judía a la realidad de que Jesús ofrece este regalo a una samaritana?

3. ¿Qué rol cumplió la mujer junto al pozo en la nueva convicción de los demás samaritanos? ¿Cómo afecta este rol nuestra manera de entender la evangelización?

CAPÍTULO 4

SANIDAD

AYER EN LA IGLESIA, me senté junto a una amiga mía llamada Grace, a la cual le quedan pocos meses de vida. Primero tuvo cáncer hace veintitrés años, cuando su hija era pequeña. Ahora, la enfermedad volvió para terminar lo que había empezado. Grace es china malaya. Su esposo, Raja, que murió hace una década, era malayo, con ascendencia del sur de India. Le habían diagnosticado una enfermedad cardíaca y le recomendaron que tuviera una operación con un 97 % de probabilidades de supervivencia. Él resultó estar entre el otro 3 %. Grace y Raja se conocieron en la escuela dominical cuando eran niños. La primera vez que Grace tuvo cáncer, oró pidiendo sanidad. Esta vez, no lo ha hecho. Ha orado por valor y por ayuda, pero no por sanidad. A pesar de ser demasiado joven para morir según los estándares occidentales, ella se siente «lista para estar con el Señor». Cantar a Jesús junto con una amiga terminal, la cual confía en Él como su resurrección y su vida, es aleccionador. Las palabras saben distinto en la boca cuando las cantas junto a alguien que pronto descubrirá sin lugar a dudas si son verdad.

No sé cómo saldrán tus informes médicos hoy. Tal vez estás en la flor de la vida y gozas de excelente salud. Quizás estás al borde de la muerte: «Ese país por descubrir, de cuyos confines ningún viajero retorna», agonizaba Hamlet.[1] Lo más probable es que estés en algún punto intermedio, con dolores periódicos y alguna que otra enfermedad esporádica que aparece como un huésped sin invitación. Pero todos moriremos algún día. ¿Qué tiene que ver Jesús con nosotros mientras vamos saltando o arrastrándonos hacia el final?

Como vimos en el capítulo 1, cuando Lucas nos presenta por primera vez a las discípulas de Jesús, escribe: «Con Él iban los doce discípulos, y también algunas mujeres que habían sido sanadas de espíritus malos y de enfermedades» (Luc. 8:1-2). Es curioso que las historias de sanidad de las mujeres que Lucas menciona entre los discípulos de Jesús no se cuenten en los Evangelios. No

---

1. De la escena III de Hamlet, príncipe de Dinamarca, de William Shakespeare. Ver Herschel Baker, et al., eds., *The Riverside Shakespeare* (Boston y Nueva York: Houghton Mifflin Company, 1997), 1208.

sabemos de qué sufrían Juana o Susana antes de encontrarse con Jesús, o cómo María Magdalena fue libre de la posesión demoníaca. Pero sí sabemos las historias de otras mujeres sanadas en los Evangelios, y en este capítulo, veremos a Jesús a través de sus ojos.

LA SUEGRA DE PEDRO

La mayoría de las personas a las que Jesús conoce en los Evangelios no se mencionan por nombre, así que no es ninguna sorpresa que no sepamos el nombre de muchas de las mujeres a las que Jesús sanó. Es más, entre las historias de sanidad contadas por los hombres en los Evangelios, las únicas con nombres son las del ciego Bartimeo, al cual solo se lo nombra en Marcos (Mar. 10:46); Malco, el siervo del sumo sacerdote, al cual solo se lo nombra en Juan (Juan 18:10); y Lázaro. En todas las historias sobre la sanidad de Jesús a las mujeres, estas también permanecen anónimas, excepto una. Y no se la identifica por nombre, sino por su relación con uno de los discípulos de Jesús.

La sanidad de la suegra de Simón Pedro es la primera historia de sanidad física en el Evangelio de Marcos, y viene inmediatamente después de la primera historia de sanidad espiritual. Jesús estaba enseñando en la sinagoga de Capernaúm cuando un hombre poseído por un espíritu inmundo gritó: «¿Qué tienes que ver con nosotros, Jesús de Nazaret? ¿Has venido a destruirnos? Yo sé quien Tú eres: el Santo de Dios» (Mar. 1:24). Jesús le manda al espíritu: «¡Cállate, y sal de él!». Entonces el espíritu inmundo, causándole convulsiones al hombre, gritó a gran voz y salió de él (vv. 25-26). Este incidente hizo que la fama de Jesús corriera por toda la región de Galilea. Después, Marcos escribe:

Inmediatamente después de haber salido de la sinagoga, [Jesús fue] a casa de Simón y Andrés, con Jacobo y Juan. La suegra de Simón estaba en cama con fiebre, y enseguida hablaron a Jesús de ella. Él se le acercó, y tomándola de la mano la levantó, y la fiebre la dejó; y ella les servía. (vv. 29-31)

La mayoría de la gente a la que Jesús sana en los Evangelios son extraños. En esta historia, Jesús sana a alguien que probablemente conocía bien. No hay demasiados detalles. Pero la reacción de la mujer es significativa: apenas Jesús la sana, ella se pone a servir.

Mateo, Marcos y Lucas cuentan la historia, pero tal vez nos preguntemos por qué. De los cientos de miles de personas a las que Jesús sanó, ¿por qué destacar a esta? ¿Acaso querrían reforzar la función de servicio de la mujer? No lo creo. Si leemos esta historia dentro de la red de los Evangelios como un todo, descubriremos que no refuerza simplemente el lugar de una mujer. El verbo para servir (*diakonéo*) que se aplica a la suegra de Pedro también describe a los ángeles que ministraron a Jesús después de que fue tentado en el desierto (Mar. 1:13; Mat. 4:11). Describe a las discípulas de Jesús (Luc. 8:1-3). Describe a Marta de Betania, cuando sirve mientras su hermana María se queda sentada a los pies de Jesús para aprender, antes de que Jesús específicamente afirme la decisión de María (Luc. 10:38-42). De manera más significativa, describe a Jesús mismo, cuando explica a Sus discípulos que «Pero entre ustedes no es así, sino que cualquiera de ustedes que desee llegar a ser grande será su servidor, y cualquiera de ustedes que desee ser el primero será siervo de todos. Porque ni aun el Hijo del Hombre vino para ser servido, sino para servir, y para dar Su vida en rescate por muchos» (Mar. 10:43). La respuesta de la suegra de Pedro a la sanidad de Jesús es un modelo no solo para las mujeres, sino para todos. En el reino de Jesús, el servicio no está relegado a las mujeres. Es tarea de todos.

¿Cómo vemos a Jesús a través de los ojos de esta mujer abnegada? Lo vemos como Aquel que nos toma de la mano y nos levanta. Lo vemos como Aquel cuyo toque puede aliviar instantáneamente nuestro dolor, y como el que nos sirve primero, antes de que tengamos el poder de servirlo a Él. En 1662, el Libro Anglicano de Oración Común describió a Dios como Aquel «cuyo servicio es perfecta libertad», y vemos esto ejemplificado en la suegra de Pedro. Demasiado a menudo en nuestra vida moderna, vemos el servicio y la libertad como opuestos. Pero la suegra de Pedro, hace 2000 años, sabía lo que los psicólogos modernos recién han descubierto hace poco. Los humanos prosperamos cuando servimos con un corazón agradecido, mientras que una «libertad» de eterna autosuperación nos vuelve miserables.[2]

En Mateo, Marcos y Lucas, la sanidad de la suegra de Pedro y del hombre poseído por demonios desata una ola de personas enfermas y poseídas que se acercan a Jesús. Mateo interpreta lo que estaba sucediendo:

Y al atardecer, le trajeron muchos endemoniados; y expulsó a los espíritus con Su palabra, y sanó a todos los que estaban enfermos, para que se cumpliera lo que fue dicho por medio del profeta Isaías cuando dijo: «Él tomó nuestras flaquezas y llevó nuestras enfermedades». (Mat. 8:16-17)

Aquí vemos que la sanidad espiritual y la física van de la mano, y Mateo, siempre dispuesto a mostrarnos cómo su Señor cumple las Escrituras hebreas, vincula las acciones de Jesús con la profecía del Antiguo Testamento. En contexto, esta cita dice:

---

2. Para más sobre este punto, ver Rebecca McLaughlin, *Confronting Christianity: 12 Hard Questions for the World's Largest Religion* (Wheaton, IL: Crossway, 2019), 22-27.

Ciertamente Él llevó nuestras enfermedades, y cargó con nuestros dolores.

Con todo, nosotros lo tuvimos por azotado, por herido de Dios y afligido.

Pero Él fue herido por nuestras transgresiones, molido por nuestras iniquidades. El castigo, por nuestra paz, cayó sobre Él, y por Sus heridas hemos sido sanados. (Isa. 53:4-5)

Aquí, en Isaías, vemos la figura misteriosa del siervo de Dios (Isa. 52:13) tomando la enfermedad, el pecado y el sufrimiento del pueblo de Dios sobre sí mismo. Cuando Jesús sana a la suegra de Pedro y sigue sanando a muchos más de enfermedades físicas y espirituales, está tomando el rol del Siervo sufriente.

Así como a Jesús se lo suele pintar como un gran maestro de verdades universales pero no como el gran Dios de todo el universo, las personas a veces buscan separar Su obra de sanidad de Su obra de quitar el castigo por nuestros pecados. Pero Mateo no permite que abramos esa brecha. Cuando Jesús murió en la cruz, cargó con el castigo por todos nuestros pecados. Pero también abrió de par en par la puerta a la nueva creación venidera de Dios, donde no habrá más muerte, duelo, llanto ni dolor (Apoc. 21:4). Aquí y ahora, seguimos viviendo con pecado y enfermedad. Pero si somos seguidores de

Jesús, miramos por un ojo de cerradura a un mundo totalmente nuevo y diferente, donde el pecado y el sufrimiento serán desterrados para siempre por Jesús y Su vida de resurrección. Jesús no vino solo para dar Su vida *por* nosotros. También vino para compartir Su vida *con* nosotros. Cuando Jesús sana a la suegra de Pedro, ella puede saborear de antemano Su vida de resurrección, y de inmediato, la usa para servir.

LA VIUDA DE NAÍN

Cuando C. S. Lewis perdió a su esposa a causa del cáncer, escribió una reflexión sobre la muerte, forjada en su terrible dolor. Es un libro breve con un título casi clínico —*Una pena en observación*—, y uno de los escritos más poderosos que he leído jamás. El pasaje que me persigue más a menudo es este:

> Alzo los ojos al cielo de la noche. Es de todo punto evidente que si me fuera permitido rebuscar en toda esa infinidad de espacios y tiempos, nunca volvería a encontrar en ninguna parte el rostro de ella, ni su voz, ni su tacto. Murió. Está muerta. ¿Es que se trata de una palabra tan difícil de comprender?[3]

3. C. S. Lewis, *Una pena en observación* (Traducción: Carmen Martín Gaite, versión para ePub), 35.

Lewis le había rogado a Dios por su esposa, Joy. Se había casado con ella aún sabiendo que estaba por morir. Es más, su diagnóstico de cáncer lo había llevado a darse cuenta de que la amaba. Ambos seguían a Jesús, pero la paz de ella respecto a su muerte era mucho mayor que la de él. Él tenía muchísimo miedo de que lo dejara. Oró intensamente a Dios para que terminara su sufrimiento con sanidad, y no con la muerte. Al principio, Joy experimentó una remisión. Pero más tarde, el cáncer volvió. La respuesta de Dios a la oración ferviente de Lewis fue «no».

Una y otra vez en los Evangelios, la gente le rogaba a Jesús que la sanara. Como vimos en el capítulo 2, cuando Jesús sana a Lázaro, al principio no responde al ruego de María y Marta. Como vimos en el capítulo 3, cuando la mujer sirofenicia ora por la sanidad de su hija —«Señor, ¡ayúdame!»—, al principio, Jesús no responde su oración. En ambos casos, obra en la espera con las mujeres que están rogando Su ayuda. Construye relaciones en el espacio entre su llamado y Su respuesta. Algunos de nosotros, como Lázaro, entraremos a la muerte antes de que el gran Médico venga a sanar nuestros cuerpos. Pero a veces, Jesús viene a nosotros antes de que se lo pidamos.

Lucas cuenta la historia en la que Jesús se dirige a la ciudad de Naín en Galilea, mientras una gran multitud lo sigue. Al acercarse a la puerta de la ciudad, «sacaban fuera a un muerto, hijo único de su madre, y ella era viuda» (Luc. 7:12). Una gran multitud la acompañaba para llorar por su hijo. Después, Lucas escribe:

> Al verla, el Señor tuvo compasión de ella, y le dijo: «No llores». Y acercándose, tocó el féretro; y los que lo llevaban se detuvieron. Y Jesús dijo: «Joven, a ti te digo: ¡Levántate!». El que había muerto se incorporó y comenzó a hablar, y Jesús se lo entregó a su madre. (vv. 13-15)

Esta es la primera vez que Lucas, como narrador, usa el término «el Señor» para referirse a Jesús. ¿Qué hace Jesús con Su autoridad? Tiene compasión de una viuda.

En el Antiguo Testamento, la compasión del Señor por los vulnerables —en especial, por las viudas, los huérfanos y los refugiados— está profundamente arraigada en Su identidad. Por ejemplo, Moisés le declara al pueblo de Dios:

> Porque el SEÑOR su Dios es Dios de dioses y Señor de señores, Dios grande, poderoso y temible que no hace acepción de personas ni acepta soborno. Él hace justicia al huérfano y a la viuda, y muestra Su amor al extranjero dándole pan y vestido. (Deut. 10:17-18)

De manera similar, David llama a Dios «Padre de los huérfanos y defensor de las viudas» (Sal. 68:5). La ley de Dios estaba llena de órdenes para proveer para las viudas y los huérfanos y protegerlos, y había una advertencia severa por parte del Señor al que se abusara de ellos: «A la viuda y al huérfano no afligirán. Si los afliges y ellos claman a Mí, ciertamente Yo escucharé su clamor, y se encenderá Mi ira y a ustedes los mataré a espada, y sus mujeres quedarán viudas y sus hijos huérfanos» (Ex. 22:22-24). La compasión del Señor Jesús por la viuda afligida, mientras sigue el cuerpo de su hijo a la salida de Naín, corresponde perfectamente con el carácter de Dios.

Esta mujer no tiene esposo, y ahora su único hijo también murió. Probablemente, esto la dejara sin su fuente de ingresos. Además de su dolor, podría enfrentarse a la pobreza absoluta. Pero Jesús le dice que no llore, y luego llama a su hijo muerto a volver a la vida. Así como Juan llama a Lázaro «el que había muerto» (Juan 11:44), Lucas también llama así al hijo de esta viuda, para destacar su absoluta falta de vida. Pero después, ante el mandato de Jesús, el muchacho se sienta y empieza a hablar (Luc. 7:15). Lucas destaca una vez más el cuidado que Jesús muestra por esta viuda angustiada, cuando escribe: «Jesús se lo entregó a su madre» (v. 15).

¿Cómo vemos a Jesús a través de los ojos de esta viuda? Lo vemos como Aquel que se nos acerca antes de que se lo hayamos pedido, y tiene compasión. Lo vemos como el que se encuentra con nosotros en nuestro dolor desesperado y nos muestra Su poder para resucitar a los muertos. Tal como le dijo a esta mujer que no llorara, un día, Jesús limpiará cada lágrima de nuestros ojos, si tan solo confiamos en Él (Apoc. 21:4). Las últimas palabras en español de *Una pena en observación,* de Lewis, describen a su esposa Joy cuando murió: «Y sonrió. Pero no me sonreía a mí».[4] La Biblia no nos promete que Jesús siempre sanará a nuestros seres queridos cuando se lo pidamos. Es más, podemos esperar que el dolor de la separación que Lewis temía invada nuestras vidas. Pero sí nos promete que Jesús estará con nosotros en nuestro dolor, y que un día, hablará vida a los muertos, tal como habló vida al hijo de esta viuda quebrantada.

LA MUJER CON FLUJO DE SANGRE Y UNA NIÑA MORIBUNDA

«¿Conoces la canción "Touch the Hem of his Garment" [Toca el borde de Su manto]?». La pregunta vino de una amiga judía. La canción es de Sam Cooke, un pionero en la música *soul,* y ella me dijo que se la había hecho escuchar a su hija a la hora de dormir durante los primeros dos años de su vida. Yo nunca había escuchado la canción. Pero cuando la busqué, supe por qué la conmovía. Está basada en una de las historias más conmovedoras de

4.   Lewis, *Una pena en observación,* 166-167.

los Evangelios: la historia de la mujer con flujo de sangre que tocó el borde del manto de Jesús. La relatan Mateo, Marcos y Lucas. No sabemos el nombre de la mujer. Pero su historia dejó una huella en el mundo a tal punto que, 2000 años más tarde, mi amiga judía quiso usarla como canción de cuna. Cuando la leemos en contexto, la historia se vuelve aún más fascinante, y está relacionada con otro milagro, en el cual una jovencita es levantada de entre los muertos.

En el relato de Marcos, un líder de la sinagoga llamado Jairo cae a los pies de Jesús y le ruega con ahínco: «Mi hijita está al borde de la muerte; te ruego que vengas y pongas las manos sobre ella para que sane y viva» (Mar. 5:22-23). Jesús va con Jairo de inmediato, y una gran multitud lo sigue. Pero los autores de los Evangelios se concentran en una mujer en particular entre la multitud:

Había una mujer que padecía de flujo de sangre por doce años. Había sufrido mucho a manos de muchos médicos, y había gastado todo lo que tenía sin provecho alguno, sino que al contrario, había empeorado. Cuando ella oyó hablar de Jesús, se llegó a Él por detrás entre la multitud y tocó Su manto. Porque decía: «Si tan solo toco Sus ropas, sanaré». (vv. 25-28).

Los Evangelios rara vez incluyen un monólogo interior. Cuando lo hacen, en general este permite vislumbrar la mente de los fariseos, que están escandalizados por Jesús, o de los discípulos, que suelen malinterpretarlo. Pero aquí obtenemos un atisbo conmovedor de Jesús a través de los ojos de esta mujer, mientras dice para sus adentros: «Si tan solo toco Sus ropas, sanaré» (comp. Mat. 9:21).

¿Cómo vemos a Jesús a través de los ojos de esta mujer en este momento? Lo vemos como Aquel al que se aferra en su desesperación, como su última esperanza para sanidad, su último recurso cuando se le ha agotado el dinero y los médicos le han fallado. Pero, aunque vemos su fe en el poder de Jesús, también vemos su temor. Al igual que los hombres con las descargas corporales, a las mujeres que menstruaban se las consideraba ceremonialmente impuras (ver Lev. 15). La impureza no era pecaminosa. Por momentos, era inevitable, tanto para hombres como para mujeres, pero impedía que las personas pudieran entrar al templo. La condición crónica de esta mujer implicaría que no había podido participar de la adoración en el templo durante los últimos doce años. Cualquier contacto con una mujer con flujo de sangre transferiría su impureza. Así que, en lugar de pedirle ayuda a Jesús, ella viene por detrás y extiende su mano hacia Su ropa sin avisar. Ha vivido doce años con la vergüenza de su condición; probablemente infértil e incapacitada para participar de la adoración en el templo, y espera pasar inadvertida en medio de la multitud mientras trata de tocar a Jesús.

El riesgo desesperado de la mujer valió la pena: «Al instante la fuente de su sangre se secó, y sintió en su cuerpo que estaba curada de su aflicción» (Mar. 5:29). Pero en el mismo momento en el que siente que la sangre deja de fluir de ella, Jesús siente que el poder fluye desde Él: «Enseguida Jesús, dándose cuenta de que había salido poder de Él, volviéndose entre la gente, dijo: "¿Quién ha tocado Mi ropa?"» (v. 30). Los discípulos de Jesús señalan lo extraño de esta pregunta: «Ves que la multitud te oprime, y preguntas: "¿Quién me ha tocado?"» (v. 31). Pero Jesús mira a Su alrededor para ver quién fue. Esto no es lo que la mujer había planeado. Marcos escribe: «Entonces la mujer, temerosa y temblando, dándose cuenta de lo que le había sucedido, vino y se postró delante de Él y le dijo toda la verdad» (v. 33). Dada su condición, sin duda la mujer teme que la reprendan por haber tocado a Jesús. Pero, en vez de condenación, Jesús le ofrece afirmación: «Hija, tu fe te ha sanado, [...] vete en paz y queda sana de tu aflicción» (v. 34).

Los primeros lectores judíos de los Evangelios habrían considerado que la impureza ceremonial de la mujer era central a la historia. Para la mayoría de nosotros, este aspecto puede parecer irrelevante. Pero la manera en que Jesús recibe a esta mujer sangrante muestra que no rehúye el toque físico ni la condición de la mujer.

Incluso la experiencia normal de la menstruación puede ser extenuante. Para muchas mujeres, sus períodos vienen acompañados de una incomodidad física y una angustia emocional. Para algunas, el dolor es debilitante. No sé si eres hombre o mujer, o cuán cómodo o incómodo te hace sentir este párrafo. Tal vez, eres una mujer y detestas tu sangrado mensual. Quizás estás luchando con la infertilidad, y cada período te recuerda que no hay ningún bebé en tu vientre. Tal vez tu corazón siente punzadas de duelo porque has perdido un bebé: un día, la sangre anunció la muerte de tu amado bebito. O quizás estás entrando en la menopausia o mirando atrás con sentimientos encontrados respecto a la pérdida de la menstruación. Aun si no has sufrido demasiado dolor menstrual, dudo que te guste sangrar todos los meses. Para la mayoría de las mujeres, se parece a un efecto secundario de la femineidad que el descargo de responsabilidad de una publicidad pasaría de largo rápidamente, mientras los especialistas en mercadotecnia nos entretienen con imágenes de una mujer corriendo en cámara lenta por un campo.

Pero Jesús no retrocede. En cambio, recibe a esta mujer que ha sangrado durante doce años como una hija llena de fe. Le otorga paz. Sorprendentemente, esta mujer es la única persona en todos los Evangelios a la que Jesús llama «hija» (Mat. 9:22; Mar. 5:34; Luc. 8:48). La mujer que no se atrevió a acercarse directamente a Él, sino que tocó Su manto en secreto, es reconocida en forma íntima por Jesús. Es Su hija. Por supuesto que tiene derecho de tocarlo.

Esta historia nos susurra a través de los siglos que los aspectos de la femineidad que las mujeres más se esfuerzan por esconder no son repulsivos para nuestro Salvador. Él me hizo una mujer con un útero que se desprende de su revestimiento cada mes, a menos que esté formando un hogar para un nuevo ser humano a Su imagen. Cualquier vergüenza que sintamos las mujeres respecto a las realidades físicas de la femineidad debe desvanecerse ante las palabras de Jesús. Aquel que ha contado los cabellos de nuestra cabeza también conoce cada gota de sangre que hay en nuestros cuerpos. En lugar de humillar a esta mujer, Jesús la valida. Ha estado excluida del templo durante doce años, y ahora la recibe Aquel que *es* el templo donde nos encontramos con Dios (Juan 2:18-22). Si nos acercamos a Jesús con nuestra necesidad, nuestra desesperación y nuestra vergüenza, podemos saber que también nos recibirá con ternura. Tal vez no nos sane aquí y ahora. No nos promete eso. Pero cuando nos acercamos a Él con necesidad, sin duda se vuelve a nosotros y nos recibe, tal como recibió el toque de esta mujer y justificó sus acciones: «Hija, tu fe te ha sanado» (Mar. 5:34).

Las palabras de Jesús para esta mujer suenan a un final feliz. Pero, de repente, volvemos de un sacudón a la historia de Jairo. Marcos nos dice que, mientras Jesús seguía hablando, llega gente de la casa de Jairo y le dice: «Tu hija ha muerto, ¿para qué molestas aún al Maestro?» (v. 35). Es un golpe devastador, e intensifica la crítica que podría recibir la mujer sangrante. Ha demorado a Jesús, que tenía una misión urgente. ¿No podría haber esperado a que sanara su condición crónica hasta después de que Jesús salvara la vida de una niña moribunda? Pero Jesús no muestra ningún indicio de reproche. Le dice a Jairo: «No temas, cree solamente» (v. 36), y separándose de la multitud solo con Pedro, Jacobo y Juan, se dirige a la casa de Jairo.

Cuando llegan, hay muchas personas ahí, llorando a la niña. Pero Jesús pregunta: «¿Por qué hacen alboroto y lloran? La niña no ha muerto, sino que está dormida» (vv. 38-39). En contraste con Jairo y con la mujer que sangraba, estas personas no tienen fe en Jesús. En cambio, se ríen de Él. Entonces, Jesús pide que se retiren, toma a los padres de la niña y a Pedro, Jacobo y Juan, y va a la habitación donde la niña yace muerta. La escena que pinta Marcos es íntima. Jesús deja afuera a la multitud cuando entra al dolor de esta familia. Obtenemos un raro fragmento de arameo, la lengua madre que compartían. Tomándola de la mano, Jesús le dice a la niña: «"Talita cum", que traducido significa: "Niña, a ti te digo, ¡levántate!"» (vv. 40-41).

Lucas nos dice al principio de la historia que esta niña tiene doce años (Luc. 8:42). Marcos guarda ese detalle para el final (Mar. 5:42). La niña había estado viva la misma cantidad de tiempo que la mujer había estado enferma. Estaba llegando a la pubertad. La vida de la mujer había quedado arruinada por una menstruación defectuosa. Bajo la ley del Antiguo Testamento, tal como Jesús habría quedado ceremonialmente impuro por el contacto con la mujer que sangraba, también habría quedado impuro al tocar un cuerpo muerto. Pero a Jesús no lo disuade nuestra inevitable impureza, así como a una madre que acaba de dar a luz no la disuadiría de sostener en brazos a su recién nacido manchado de sangre. En poco tiempo, Jesús sangraría por esta mujer y moriría por esta niña. Pero en este momento, tan solo les devuelve la salud. Marcos nos dice que «al instante la niña se levantó y comenzó a caminar, pues tenía doce años. Y al momento todos se quedaron completamente atónitos. Entonces [Jesús] les dio órdenes estrictas de que nadie se enterara de esto; y dijo que le dieran de comer a la niña» (vv. 42-43).

¿Cómo vemos a Jesús a través de los ojos de esta niña de doce años? Lo vemos como cada uno de nosotros lo verá un día, si ponemos nuestra confianza en Él. Cuando Jesús nos llame de la muerte a una vida eterna con Él, lo veremos por primera vez cara a cara. Jesús les dice a los padres de esta niña que le den algo para comer. Pero cuando llame a nuestros cuerpos ya desmembrados a volver a la vida, será el anfitrión de un festín que continuará por la eternidad. Jesús no levanta a esta niña de los muertos para hacer un espectáculo. Lo hace porque le importa. Y un día, probablemente cuando nuestros cuerpos se hayan erosionado y nuestros nombres se hayan borrado, Jesús nos volverá a llamar a la vida con el mismo poder y ternura que les mostró a la mujer que sangraba y a la niña muerta.

HIJA DE ABRAHAM

Mientras crecía, recuerdo que a mi papá a veces se le llenaban los ojos de lágrimas al mirarme. Yo no lo entendía. Ahora que tengo dos hijas propias, lo entiendo. Mis hijas son igual de preciosas para mí. Si uno se pudiera enfermar por la cantidad de veces que tu madre te diga que te ama, estarían arruinadas. «Hija» es una palabra hermosa. Como acabamos de ver, Jesús reconoce a la mujer sangrante que tocó Su manto como Su hija, mientras iba de camino a sanar a la hija de Jairo. El último milagro de sanidad que involucra a una mujer en Lucas también muestra al líder de una sinagoga y a Jesús reconociendo a una hija. Pero la situación no podría ser más distinta. Jairo se arrodilla ante Jesús y le ruega que sane a la hija que ama. Pero, en cambio, el oficial de la sinagoga de esta historia —que tendría que haberse interesado en una hija de Abraham que sufría— se queja cuando Jesús la sana.

Jesús está enseñando en una sinagoga el día de reposo, y «había allí una mujer que durante dieciocho años había tenido una enfermedad causada por un espíritu», registra Lucas. «Estaba encorvada, y de ninguna manera se podía enderezar» (Luc. 13:11). La condición de la mujer se le atribuye a un «espíritu», pero no hay indicación de que estuviera poseída por un demonio. El sentido es más que Satanás es responsable de su situación. Lucas nos dice que «Cuando Jesús la vio, la llamó y le dijo: "Mujer, has quedado libre de tu enfermedad". Y puso las manos sobre ella, y al instante se enderezó y glorificaba a Dios» (vv. 12-13).

La mujer que sangraba se acercó a Jesús por su cuenta. Pero Jesús llama a esta mujer lisiada hacia Él. Tal vez ella se había enterado de que Jesús estaba en la ciudad, y había ido con la esperanza de sanarse. O quizás esta era la sinagoga a la cual asistía, y estaba ahí el día de reposo para adorar a Dios como de costumbre. No sabemos toda su historia. Pero vemos a Jesús a través de sus ojos como Aquel que, con Sus palabras y Sus manos, puede librarnos de nuestro sufrimiento. En un instante, se quebró una cadena de dolor de dieciocho años de duración. Mientras que muchos en los Evangelios se acercan a Jesús y se postran, esta mujer por fin se para y glorifica a Dios. Sin embargo, Jesús no ha terminado con ella.

En lugar de celebrar con esta mujer, el líder de la sinagoga se enoja. Les dice a los demás: «Hay seis días en los cuales se debe trabajar; vengan, pues, en esos días y sean sanados, y no en día de reposo» (v. 14). Esta reacción escalofriante recuerda la respuesta de los fariseos cuando Jesús sanó a un hombre con una mano seca en Lucas 6. Esa sanidad también ocurre en una sinagoga durante el día de reposo, y los fariseos están observando específicamente para ver si Jesús sanará el día de reposo, de manera que puedan encontrar una razón para acusarlo. Cuando Jesús sana al hombre, ellos «se llenaron de ira, y discutían entre sí qué podrían hacerle a Jesús» (Luc. 6:11). Al igual que los fariseos, el líder de la sinagoga no ataca a Jesús directamente. En cambio, lanza un ataque encubierto sobre la mujer por venir a ser sanada en el día de reposo... a pesar de que Jesús fue el que inició la sanidad.

Después de enderezar a la mujer por primera vez en dieciocho años, Jesús endereza la situación y la defiende:

Entonces el Señor le respondió: «Hipócritas, ¿no desata cada uno de ustedes su buey o su asno del pesebre en día de reposo y lo lleva a beber? Y esta, que es hija de Abraham, a la que Satanás ha tenido atada durante dieciocho largos años, ¿no debía ser libertada de esta ligadura en el día de reposo?» (Luc. 13:15-16)

La expresión «hija de Abraham» es única en toda la Biblia. Jesús usa una expresión paralela más adelante en Lucas, cuando dice sobre el cobrador de impuestos arrepentido, Zaqueo, «él también es hijo de Abraham» (Luc. 19:9). Pero esta declaración de que esta mujer es *hija* de Abraham es asombrosa. Esta mujer es una heredera de las promesas de Dios a Abraham —el padre de los judíos— tanto como cualquier hombre judío. Su respuesta de adoración a Dios marca un fuerte contraste con la reacción del líder de la sinagoga y muestra que es una verdadera heredera de Abraham, mientras que él no. Lucas termina la historia dividiendo la audiencia en dos: aquellos que siguieron al líder de la sinagoga en su crítica y aquellos que siguieron a la mujer en su alabanza: «Al decir Él esto, todos Sus adversarios se avergonzaban, pero toda la multitud se regocijaba por todas las cosas gloriosas hechas por Él» (Luc. 13:17). No hay una postura neutral en lo que se refiere a Jesús. Podemos recibir Sus palabras de vida o podemos volvernos contra Él y ser avergonzados.

No sabemos si esta «hija de Abraham» se une a las mujeres sanadas que viajaban con Jesús. No sabemos si la mujer que había sangrado doce años y que fue recibida como Su hija empieza a acompañarlo. No sabemos si la hija de Jairo les ruega a sus padres que su familia viaje para acompañar a Jesús, o si la viuda de Naín se va con Él. Tal vez lo hacen. Quizás, en cambio se convierten en discípulas que se quedan en su ciudad natal, como María y Marta. Pero a través de los ojos de estas mujeres, vemos a Jesús como Aquel que trae sanidad a los enfermos, vida a los muertos, un recibimiento a los marginados, y honor a los despreciados.

A través de los ojos de estas mujeres sanadas, vemos a Jesús como Aquel que puede restaurarnos si tan solo tocamos el borde de Su manto, pero cuya vestimenta fue dividida al echar suertes sobre ella y dada a los soldados que lo crucificaron (Mat. 27:35; Luc. 23:34). Lo vemos como Aquel que vino a cargar con nuestros dolores y nuestras enfermedades, como el que sangró por nosotros de una manera mucho más dolorosa que la mujer que menstruaba, Aquel que murió por nosotros de manera más absoluta que la niña de doce años, cuya espalda fue doblada bajo el peso de una cruz cruel para que nuestras espaldas pudieran enderezarse un día, cuando nos llame de nuestras tumbas y nos reciba como hijos e hijas de Abraham.

Mi amiga moribunda está lista para encontrarse con su Señor y orando por valor en el sufrimiento que se avecina. No le falta fe de que Jesús vaya a sanarla. Tiene absoluta confianza de que lo hará, porque un día, Él los llamará a ella y a su esposo a salir de sus tumbas a una vida de resurrección con Él, y serán restaurados.

PREGUNTAS DE DEBATE

Para comenzar: Cuando tienes un resfrío, ¿cuál es tu remedio casero reconfortante?

1. ¿Por qué necesitaba sanidad cada una de las mujeres de este capítulo? ¿Cómo respondió la gente a estas sanidades?

2. ¿En qué sentido la compasión de Jesús por la viuda de Naín refleja el corazón del Señor en el Antiguo Testamento?

3. ¿Cómo apuntan las sanidades de Jesús a algo más grande?

4. ¿Cómo ilustran las historias de sanidad de este capítulo la manera en que Jesús cumple Isaías 53:4-5?

5. El hijo muerto de la viuda, la mujer con el flujo de sangre y la hija muerta de Jairo estaban ceremonialmente impuros. Sin embargo, Jesús no se contamina al tocarlos, sino que Su toque los purifica. ¿Qué relación hay entre esta dinámica y la realidad de que Jesús nos salva del pecado?

6. ¿Cuándo han orado al Señor por sanidad tú o alguien que conozcas? ¿Vieron la sanidad que esperaban?

7. ¿En dónde estás anhelando sanidad ahora? ¿Cómo pueden estas historias de sanidad darte esperanza,

ya sea que recibas o no la sanidad en el momento y de la manera que deseas?

8. ¿Cómo ves a Jesús de manera más significativa a través de los ojos de estas mujeres?

Para profundizar: Lee Marcos 5:25-34.

1. ¿Qué sabemos sobre la mujer con el flujo de sangre de los detalles que se proporcionan en el texto? ¿Qué inferencias podrías hacer de su condición social y su estado emocional?

2. ¿Por qué la mujer con el flujo de sangre habría intentado esconderse entre la multitud de personas para tocar a Jesús? Para entenderlo mejor, ver Levítico 15:19-31.

3. ¿Cuándo se secó el flujo de sangre de la mujer (v. 29)? ¿Cómo respondió Jesús? ¿Por qué crees que Jesús no la dejó alejarse en silencio?

CAPÍTULO 5

PERDÓN

ANOCHE, miré el concierto «Adele One Night Only» [Adele, una sola noche]. La estrella británica dio un concierto en el Griffith Observatory en Los Angeles, bajo las estrellas y en frente de una audiencia llena de estrellas, y las imágenes de su espectáculo estaban entremezcladas con una entrevista íntima con Oprah. Adele empezó con una interpretación de «Hello». Tal como observó Oprah, el video musical de esa canción tiene 3000 millones de vistas. La canción es un lamento por una relación rota. La mujer ha llamado mil veces para intentar pedir perdón por romperle el corazón a su amado. Él siguió adelante, pero ella está atascada en su pesar. Es una canción sobre el anhelo de perdón y sobre un amor perdido, sobre un anhelo de que se reabra una puerta cerrada. Tal vez todos hemos sentido algo parecido en diversos momentos. Quizás hemos anhelado el perdón y el amor que alguna vez descartamos.

En este capítulo, exploraremos dos historias de perdón para mujeres que bien podrían pensar que han ido demasiado lejos como para volver y que las reciban. Veremos cómo Jesús trata a las mujeres que han sido vilipendiadas como basura moral y cómo usa su ejemplo para poner en evidencia el fracaso moral de los hombres que las juzgan. Veremos cómo Jesús les da la bienvenida a las prostitutas al reino de Dios, mientras los autoproclamados guardianes miran con horror. Vislumbraremos el perdón radical que Jesús ofrece, incluso a aquellos que son arrastrados a Su presencia, y veremos cómo la puerta al amor eterno con Jesús está abierta de par en par ahora... si nos acercamos a Él.

LAS PROSTITUTAS EN EL REINO

El verano pasado, estaba yendo con mis hijos a la playa. Mientras estábamos detenidos en medio del tránsito, observé a una mujer que iba de un auto a otro delante de nosotros. Era evidente que era pobre, pero no estaba pidiendo nada, como suelen hacer las personas sin hogar en los semáforos de las rutas que en general tomamos. Me llevó un momento darme cuenta qué pretendía señalar el baile extraño y de falso gozo que hacía mientras zigzagueaba entre los autos. Yo no era su objetivo, pero mi corazón se conmovió por ella. Me pregunté cómo su vida la habría llevado a ese momento, y oré para que Dios la alcanzara con un amor que jamás había experimentado antes. Claramente, esperaba que algún hombre dispuesto a pagar por su cuerpo la recogiera. Yo, en cambio, esperaba que la recogiera el Hombre que vino a pagar con Su vida por mujeres iguales a ella. Verás, Jesús aceptaba a las prostitutas; no como los demás hombres de Su época, y de la nuestra, sino como un hermano amoroso, en busca de su hermana en los barrios bajos para llevarla de regreso a casa.

Dicen que sabes que un lugar es tu hogar cuando tienes el derecho de reacomodar los muebles. Cuando Jesús tenía doce años, declaró que el templo era la casa de Su Padre (Luc. 2:49). Cuando Jesús entra al templo como adulto, lo vemos reacomodar los muebles de una manera dramática. Mateo nos dice que «echó fuera a todos los que compraban y vendían en el templo. También volcó las mesas de los que cambiaban el dinero y los asientos de los que vendían las palomas» (Mat. 21:12). Esta reconfiguración hace enojar a los principales sacerdotes y escribas. Le preguntan a Jesús: «¿Con qué autoridad haces estas cosas, y quién te dio esta autoridad?» (v. 23). Como de costumbre, Jesús no les responde directamente. Primero, les pregunta qué piensan de Juan el Bautista, sabiendo que esto los pondrá en aprietos, porque es muy popular entre la gente. Después, les cuenta una historia para ayudarlos a ver su situación:

Pero, ¿qué les parece? Un hombre tenía dos hijos, y llegándose al primero, le dijo: «Hijo, ve, trabaja hoy en la viña». Y él respondió: «No quiero»; pero después, arrepentido, fue. Llegándose al otro, le dijo lo mismo; y este respondió: «Yo iré, señor»; pero no fue. ¿Cuál de los dos hizo la voluntad del padre? (vv. 28-31).

Los principales sacerdotes y ancianos responden: «El primero». Y Jesús les dice: «En verdad les digo que los recaudadores de impuestos y las rameras entran en el reino de Dios antes que ustedes. Porque Juan vino a ustedes en camino de justicia y no le creyeron, pero los recaudadores de impuestos y las rameras le creyeron; y ustedes, viendo esto, ni siquiera se arrepintieron después para creerle» (vv. 31-32).

Las palabras de Jesús son escandalosas. Los cobradores de impuestos y las prostitutas eran el extremo de los pecadores, desde un punto de vista judío. Por otro lado, estos sacerdotes y ancianos se veían como la cúspide del árbol religioso. Pero Jesús les dice sin tapujos que los estafadores que simpatizaban con Roma y las prostitutas —las mismas personas que ellos vilipendiaban— entraban en el reino de Dios antes que ellos. ¿Por qué? Porque las prostitutas y los cobradores de impuestos se arrepentían de sus pecados. Por cierto, Jesús habla como si los principales sacerdotes y ancianos tuvieran que seguir el ejemplo de ellos.

El mensaje de Jesús es el mismo hoy. La mujer que iba de auto en auto bien puede arrepentirse y entrar en el reino de Jesús, mientras que la madre más respetable de cuatro niños, que trabaja como voluntaria en todos los comités escolares y está casada con un anciano de una iglesia, no lo haga. Un hombre encarcelado por sus crímenes bien puede arrepentirse y entrar en el reino de Jesús, mientras que un respetable jefe de policía jamás lo haga. La pregunta para los que quieren entrar no es: «¿Eres un pecador?», sino «¿Te has arrepentido?». Jesús ofrece un perdón gratuito y pleno para las prostitutas y los cobradores de impuestos que se acerquen a Él. Es más, parece que estos acudían en masa a Él, mientras que la mayoría de los judíos religiosos se negaban a ir.

Las palabras de Jesús respecto a las prostitutas son radicales a un punto tal que nos cuesta entenderlas. Sus compatriotas judíos veían a las prostitutas como pecadoras a evitar a toda costa; y, por cierto, no como personas que podían entrar en el reino de Dios. Pero en el Imperio grecorromano más amplio, el comentario de Jesús es, en todo caso, incluso más perturbador, porque Jesús está reconociendo a las prostitutas como seres humanos con un valor intrínseco.

En Roma, «los hombres usaban a esclavos, esclavas y prostitutas para aliviar sus necesidades sexuales del mismo modo y con la misma poca reflexión con que utilizaban el margen del camino como retrete».[1] El sexo con prostitutas no se veía como algo inmoral, sino como una salida legítima y válida para la lujuria masculina. Por cierto, como explica el historiador Kyle Harper: «La industria del sexo era integral para la economía moral del mundo clásico».[2] Pero las prostitutas en sí eran vistas como algo sin valor. El costo promedio del sexo con una prostituta equivalía al de una hogaza de pan.[3] Como lo expresa Harper: «La exposición brutal de las mujeres vulnerables descansaba sobre una indiferencia pública tan generalizada, que yacía invisible sobre los mismos cimientos del orden sexual antiguo».[4] A nadie le importaban las prostitutas, más allá de los servicios que podían proveer.

La enseñanza de Jesús introdujo dos desplazamientos tectónicos. Primero, Él amaba y valoraba a las mujeres, incluidas las prostitutas. Segundo, contrario a las normas del imperio, Él sostenía que el matrimonio fiel era el

1. Tom Holland, *Dominio: Cómo el cristianismo dio forma a Occidente* (Barcelona: Ático de los libros, 2020), 87.
2. Kyle Harper, *From Shame to Sin: The Christian Transformation of Sexual Morality in Late Antiquity* (Cambridge, MA: Harvard University Press), 3.
3. Harper, *Ibid.*, 49.
4. Harper, *Ibid.*, 15.

único contexto para el sexo. Esto empezó una revolución sexual más intrépida que la revolución de la década de 1960, pero en la dirección opuesta.

La revolución sexual moderna les ofreció a las mujeres el derecho a un sexo libre de compromisos: un derecho que muchos hombres habían dado por sentado durante siglos. Pero la revolución sexual que se disparó con el surgimiento del cristianismo dentro del Imperio romano cortó con la libertad sexual de los hombres y los llamó a la clase de fidelidad en el matrimonio que antes solo se esperaba de las esposas. Esto significaba que a las mujeres ya no se las podía ver como objetos desechables de lujuria masculina. En cambio, el sexo pertenecía solo al matrimonio —a la unión permanente, dada por Dios, de una sola carne entre un hombre y una mujer (Mat. 19:4-6)—, y los esposos cristianos debían amar a sus esposas con la misma clase de amor sacrificado que Cristo tiene por Su iglesia (Ef. 5:25). Es evidente por qué un cambio semejante sería una buena noticia para las mujeres que antes habían sido víctimas del sexo coercitivo. Pero como vimos en la introducción, hay un cuerpo cada vez mayor de evidencia que sugiere que el sexo libre de compromisos daña de forma mensurable la felicidad y la salud de las mujeres, aun cuando se elija libremente. La ética sexual de Jesús realmente conduce a una prosperidad humana. Pero, mientras que Jesús definió todo el sexo fuera del matrimonio como pecaminoso (Mar. 7:21), también dio la bienvenida incluso a los pecadores sexuales de peor fama que pusieron su confianza en Él.

¿Cómo vemos a Jesús a través de los ojos de estas prostitutas arrepentidas? Lo vemos como el único hombre que las recibe no por lo que pueda obtener, sino por lo que puede dar. Lo vemos como el que no toma su historia en su contra, sino que conoce cada detalle de su pasado y las recibe en Su maravilloso futuro. Lo vemos como un imán para aquellos que se sienten como desechos humanos en la pila de la basura de la vida, el cual levanta a los quebrantados y abusados y los lleva a Su reino de amor.

LA MUJER PECADORA

En una historia asombrosa del Evangelio de Lucas, obtenemos una perspectiva más profunda de la actitud de Jesús hacia las mujeres consideradas pecadoras. Justo antes de contarnos sobre un encuentro entre Jesús y una mujer notablemente pecadora, Lucas relata cómo Jesús reflexiona sobre Su propia mala reputación. Jesús señala que, a veces, es imposible ganar. Juan el Bautista vino sin comer pan ni beber vino, y lo acusaron de tener un demonio (Luc. 7:33). Jesús comía y bebía, y la gente decía: «Miren, un hombre glotón y bebedor de vino, amigo de recaudadores de impuestos y de pecadores» (v. 34). Lo que Jesús hace luego empeora aún más su reputación.

A Jesús lo invitan a una cena en la casa de uno de los fariseos. Esto es sorprendente, dada la cantidad de confrontaciones que recibía Jesús por parte de los fariseos. Tal vez este fariseo le está dando a Jesús la oportunidad de redimirse. Pero, entonces, sucede algo extremadamente embarazoso:

> Había en la ciudad una mujer que era pecadora, y cuando se enteró de que Jesús estaba sentado a la mesa en casa del fariseo, trajo un frasco de alabastro con perfume; y poniéndose detrás de Él a Sus pies, llorando, comenzó a regar Sus pies con lágrimas y los secaba con los cabellos de su cabeza, besaba Sus pies y los ungía con el perfume. (vv. 37-38).

Durante fiestas especiales, era común que los invitados se reclinaran y que dejaran las puertas abiertas. Las personas que no habían sido invitadas podían sentarse alrededor de las paredes de la habitación, escuchar la conversación y tal vez obtener alguna sobra de la comida. Así que la entrada de un invitado no oficial no es nada del otro mundo. Sin embargo, su identidad y sus acciones sí lo son. No sabemos todos los detalles del pecado de la mujer. Quizás haya sido una prostituta. Tal vez se la haya conocido como una «pecadora» en otro sentido. En cualquier caso, vemos de la descripción de Lucas y de la respuesta de los fariseos que era la clase de mujer a la que un rabino judío debería haber eludido. Pero aquí está ella, mostrándole un amor extravagante a Jesús con absoluta humillación, y Jesús se lo permite.

Las acciones de esta mujer recuerdan a las de María de Betania, algo que exploramos en el capítulo 2. Ambas mujeres ungen el cuerpo de Jesús con perfume de un frasco de alabastro mientras Él está reclinado a la mesa. Ambas secan Sus pies con su cabello. Los dos incidentes suceden en la casa de alguien llamado Simón: Simón el fariseo y Simón el leproso. Algunos han sugerido que Lucas está relatando el mismo evento que Mateo, Marcos y Juan. Pero Simón era el nombre más común entre los hombres judíos en la época de Jesús, y los contextos de las dos historias son bien distintos.[5] A diferencia de María de Betania, a esta mujer se la muestra como una pecadora de mala fama. En lugar de criticarla por malgastar dinero como a María, a esta mujer se la ve como tóxica en sí misma. Los paralelos no están ahí porque Lucas esté contando la misma historia que Mateo, Marcos y Juan, sino porque las dos mujeres sabían que Jesús merecía el amor más extravagante. Y así como María fue la discípula que Judas Iscariote debería haber sido, esta mujer anónima y pecadora de la ciudad muestra el amor que Simón el fariseo debería haber mostrado.

---

5. Respecto a la popularidad del nombre Simón/Simeón, ver Bauckham, *Jesus and the Eyewitnesses,* 85.

Lucas nos dice cómo reacciona Simón: «Pero al ver esto el fariseo que lo había invitado, dijo para sí: "Si Este fuera un profeta, sabría quién y qué clase de mujer es la que lo está tocando, que es una pecadora"» (v. 39). Desde el punto de vista de Simón, Jesús debería saber que el contacto con esta pecadora lo contaminará moralmente, como revolcarse en un moho que se extiende rápido. En este momento, Simón el fariseo es lo opuesto de la mujer samaritana que conocimos en el capítulo 3. Ella reconoció que Jesús era un profeta cuando descubrió que sabía sobre su pasado sexual. Simón cree que Jesús *no puede* ser un profeta, porque *no* debe darse cuenta de quién es esta pecadora. Pero Jesús sabe exactamente quién es. También sabe quién es Simón.

No sabemos si Simón expresó esta crítica entre dientes o tan solo en su mente, pero Jesús la escuchó de todos modos. «Simón, tengo algo que decirte», responde. El fariseo contesta al menos con un respeto fingido: «Di, Maestro» (v. 40). Entonces, Jesús cuenta una historia como la que les contó a los principales sacerdotes y ancianos cuando dio la noticia de que las prostitutas entraban en el reino de Dios antes que ellos:

Cierto prestamista tenía dos deudores; uno le debía 500 denarios y el otro cincuenta; y no teniendo ellos con qué pagar, perdonó generosamente a los dos. ¿Cuál de ellos, entonces, lo amará más? (vv. 41-42).

Quinientos denarios es una deuda tremenda; equivalía a unos veinte meses de salario. Cincuenta eran unos dos meses de salario. «Supongo que aquel a quien le perdonó más», respondió Simón. Y Jesús le dijo: «Has juzgado correctamente». Y volviéndose hacia la mujer, le dijo a Simón: «¿Ves esta mujer?» (vv. 43-44)

La realidad es que tanto Jesús como Simón veían a la mujer. Pero la veían de manera muy distinta. Simón la ve como una pecadora que no tiene por qué tocar los pies de Jesús. La ve como ofensiva, moralmente corrupta y merecedora de desprecio. Simón la ve como una prueba determinante: Jesús no puede ser un profeta si permite que esta mujer lo toque. Sin embargo, Jesús la ve como alguien que hace lo que Simón debería haber hecho. Por cierto, pasa a hacer una comparación punto por punto entre el fariseo moralmente respetable y la mujer en bancarrota moral de la ciudad:

Yo entré a tu casa y no me diste agua para Mis pies, pero ella ha regado Mis pies con sus lágrimas y los ha secado con sus cabellos. No me diste beso, pero ella, desde que entré, no ha cesado de besar Mis pies. No ungiste Mi cabeza con aceite, pero ella ungió Mis pies con perfume. Por lo cual te digo que sus pecados, que son muchos, han sido perdonados, porque amó mucho; pero a quien poco se le perdona, poco ama. (vv. 44-47)

Simón cree que Jesús debería avergonzarse por el toque de esta mujer, que debería sentir aversión, como alguien que escupe leche rancia de su boca. Pero Jesús cree que Simón es el que debería avergonzarse. Esta mujer pecaminosa está haciendo todo lo que Simón no hizo. ¿Por qué? Porque lo ama.

¿Cómo vemos a Jesús a través de los ojos de esta mujer en este momento? Lo vemos como la fuente de su perdón y el objeto de su amor. Lo vemos como Aquel por el cual vale la pena humillarse ante una multitud. Lo vemos como Aquel por el cual vale la pena sacrificar su dinero y su dignidad, mientras derrama un perfume costoso sobre Sus pies y los seca con su cabello. Jesús está tan por encima de ella que la mujer no puede humillarse lo suficiente en Su presencia. Pero, a través de Sus ojos, también vemos a Jesús como Aquel que se para junto a pecadores como ella... y como tú y yo. Como hemos visto a través de los ojos de muchas mujeres en este libro hasta ahora, Jesús es el que defiende a las mujeres despreciadas contra la censura de hombres poderosos. Y aun cuando esta mujer pecadora de la ciudad se inclina, vemos cómo Jesús la levanta como un parangón de amor, brillante y manchado de lágrimas, para humillar a este fariseo engreído. Sin embargo, Jesús no ha terminado con ella.

Después de reprender a Simón, Jesús se vuelve una vez más a la mujer y le dice: «Tus pecados han sido perdonados» (v. 48). Esta declaración crea otro revuelo. Lucas nos dice que «Los que estaban sentados a la mesa con Él comenzaron a decir entre sí: "¿Quién es Este que hasta perdona pecados?"» (v. 49). Solo Dios tiene ese derecho. Sin embargo, Jesús le dice a esta mujer que sus pecados han sido lavados, así como sus lágrimas lavaron Sus pies. Jesús es el prestamista, con el cual tanto el fariseo como la pecadora tenían una deuda. El amor extravagante de ella es el resultado de Su perdón extravagante. Simón el fariseo quizás piense que tiene una deuda menor que pagar a Dios que esta mujer. Jesús no se lo discute. En cambio, le muestra a través de esta mujer cómo luce una persona perdonada. Después, Jesús le dice a ella: «Tu fe te ha salvado, vete en paz» (v. 50).

No sabemos si esta mujer perdonada se une a la banda de discípulos que viaja con Jesús o no. Pero justo después de contar esta historia, Lucas habla de las mujeres —como María Magdalena, Juana y Susana— que lo hacían (Luc. 8:1-3). Esas mujeres estaban listas para dejar cualquier cosa por Jesús. Habían sido sanadas y perdonadas, y seguían al Señor dondequiera que fuera. Jesús acepta a todos. Aceptó a María Magdalena, de la cual había echado fuera siete demonios (v. 2). Aceptó a la mujer pecadora de la ciudad, cuyo toque era percibido como moralmente contaminador. Me aceptó a mí, y te aceptará a ti. Pero cualquiera que piense que solo necesita un poquito de perdón de Dios se encontrará excluido de Su reino; empujado a un lado por las prostitutas, los cobradores de impuestos y los pecadores que entran antes que él. ¿Por qué? Porque, a diferencia de la mujer pecadora de la ciudad, esa persona no se arrojará a los pies de Jesús.

¿ESTA HISTORIA DEBERÍA ESTAR EN LA BIBLIA?

Juan termina su Evangelio con estas palabras: «Y hay también muchas otras cosas que Jesús hizo, que si se escribieran en detalle, pienso que ni aun el mundo mismo podría contener los libros que se escribirían» (Juan 21:25). Dedicaremos el resto de nuestro tiempo en este capítulo a mirar el pasaje del Evangelio de Juan que probablemente no apareció en la versión original de Juan, pero que se alinea perfectamente con lo que vemos sobre Jesús en el resto de Juan, y en los demás Evangelios, en cuanto a las mujeres. Antes de mirar la historia en sí, tomaremos un momento para pensar en cómo interpretar un texto así, que puede haber sido original o no.

Si abres una Biblia en Juan 8, probablemente tenga una nota que diga algo como: «Los manuscritos más antiguos no incluyen 7:53–8:11». Si tú, al igual que yo, crees que la Biblia es la Palabra de Dios, quizás una nota como esta te resulte desconcertante. Si, por otro lado, eres escéptico respecto a los Evangelios como testimonio confiable sobre Jesús, tal vez veas una nota como esta como prueba de que no deberían tomarse como la Palabra de Dios para nosotros sobre Su Hijo. ¿Cómo podemos hacer declaraciones impresionantes sobre la Biblia como la revelación de un Dios perfecto y todopoderoso si no estamos seguros de que algunas partes de los textos son siquiera originales? No tenemos los primeros manuscritos físicos (conocidos como autógrafos) que escribieron Mateo, Marcos, Lucas y Juan. En el mejor de los casos, tenemos copias de sus originales, y en muchas instancias, nuestros manuscritos más antiguos son probablemente copias de copias.[6] Entonces, ¿cómo sabemos que no se corrompieron en el proceso, con partes añadidas por aquí y otras sustraídas por allá, o modificadas para adecuarse a los propósitos del copista?

La semana pasada, le tomé a mi hija Miranda un examen sobre Shakespeare. Todos los martes, les he estado enseñando a ella y a una de sus amigas de la escuela sobre Shakespeare. Como parte del curso, las hice memorizar cuatro sonetos y un monólogo. Cuando fui a evaluar sus exámenes, noté un pequeño error en uno de los sonetos en el manuscrito de Miranda. Después, noté el mismo error en el de su amiga. Busqué el pasaje para ver si yo

---

6. Para una discusión útil y accesible de este tema, ver William D. Mounce, *Why I Trust the Bible: Answers to Real Questions and Doubts People Have About the Bible* (Grand Rapids, MI: Zondervan, 2021), 131-132.

no lo recordaba mal. Pero no, era un error compartido. Resultó ser que Miranda había estado ayudando a su amiga a aprender en la escuela, así que le había transmitido su pequeño error. Si les hubiera enseñado los mismos discursos a los hijos de mi amiga en Londres, vía Skype, tal vez también habrían cometido los mismos errores. Así que, si comparáramos los exámenes de Londres con el de Miranda y su amiga aquí en Cambridge, Massachusetts, veríamos los pasajes que estaban en duda. Si también les hubiera enseñado a mis amigos que viven en San Francisco, Sídney y Malawi, podríamos juntar todos los exámenes y usarlos para corregir unos con otros. Cada manuscrito podría tener errores, pero es sumamente improbable que cinco copias hechas de manera independiente tuvieran los mismos errores. Lo mismo es cierto en cuanto a los manuscritos bíblicos debido a la expansión rápida y desordenada del cristianismo. Como explica Richard Bauckham: «[Jesús] vivía en el Medio Oriente, y en los primeros siglos del cristianismo, la fe se esparció en toda dirección; no solo a Grecia y a Roma, Francia y España, sino también a Egipto, el norte de África y Etiopía, a Turquía y Armenia, a Irak, Persia e India».[7] A medida que la buena noticia de Jesús se extendía, los relatos de los Evangelios sobre

7. Richard Bauckham, *Jesus: A Very Short Introduction* (Oxford: Oxford University Press, 2011), 1.

Su vida se copiaban y distribuían con fervor. Si tan solo tuviéramos una copia de cada Evangelio, y supiéramos que es una copia de una copia de otra copia, no sabríamos qué errores se fueron creando en el camino. Como tenemos miles de copias de todo o parte de los Evangelios, provenientes de distintos lugares, podemos comparar las copias hechas en un lugar con otras creadas de manera independiente en otro lugar, e identificar errores. La riqueza de manuscritos de diferentes lugares significa que la amplia mayoría de los textos de los Evangelios que tenemos en nuestras Biblias hoy no se cuestionan. Sin embargo, algunos sí.

Las últimas dos líneas del soneto de Shakespeare que mi hija estaba aprendiendo decía: «Mientras el ser respire y tengan luz los ojos, / vivirán mis poemas y a ti te darán vida».[8] Ella había escrito: «Mientras el ser respire *o* tengan luz los ojos»; un cambio que no marca prácticamente ninguna diferencia en el significado de la línea. La gran mayoría de los interrogantes sobre versículos en los Evangelios son cuestiones como esta: diferencias menores que no hacen una diferencia sustancial en el significado del texto. Pero hay unos pocos lugares donde realmente es difícil saber qué decían los originales.

8. William Shakespeare, Soneto 18, Biblioteca virtual Miguel de Cervantes, último acceso: 30 de marzo de 2023, https://www.cervantesvirtual.com/obra-visor/sonetos--15/html/ffe9a362-82b1-11df-acc7-002185ce6064_3.html#I_22_

Cuando eso sucede, nuestras Biblias modernas colocan una nota. Uno de los pasajes más largos que incluyen nuestras Biblias y que vienen con una nota similar es la historia de una mujer atrapada en adulterio.

Las copias más tempranas del Evangelio de Juan que tenemos no incluyen esta historia. Algunas la tienen en distintos lugares en el texto, y a veces, se encuentra en cambio en el Evangelio de Lucas. Una explicación es que esta historia no estaba en el libro original que escribió Juan, pero que se transmitió en forma oral y más adelante se incluyó en Juan porque claramente merecía ser recordada. Nada de lo que creen los cristianos sobre Jesús se apoya sobre este texto ni se cae con él. Pero esta representación de Jesús es absolutamente coherente con la imagen que pintan los autores de los Evangelios.

LA MUJER SORPRENDIDA EN ADULTERIO

Al principio de la historia, Jesús está enseñando en el templo. Había provocado un gran revuelo el día anterior, y los principales sacerdotes y fariseos enviaron guardias a arrestarlo. Sin embargo, los guardias habían quedado descolocados por su atracción a la enseñanza de Jesús, e informaron: «¡Jamás hombre alguno ha hablado como este hombre habla!» (Juan 7:46). Esto solo sirvió para enfurecer más a los fariseos. Un líder judío llamado Nicodemo, cuya visita nocturna a Jesús se registra en Juan 3, defendió a Jesús sin demasiado éxito. No obstante, a pesar del riesgo intensificado, Jesús vuelve temprano a la mañana siguiente, y «todo el pueblo venía a Él; y sentándose, les enseñaba» (Juan 8:2).

Los escribas y los fariseos estaban buscando una razón para arrestar a Jesús, así que trajeron a una mujer que había sido sorprendida en adulterio, y le dijeron a Jesús: «Maestro, esta mujer ha sido sorprendida en el acto mismo del adulterio. Y en la ley, Moisés nos ordenó apedrear a esta clase de mujeres. ¿Tú, pues, qué dices?» (vv. 4-5)

La tensión de la escena es altísima. El mandamiento, «No cometerás adulterio» era el séptimo de los famosos Diez Mandamientos que Dios le dio a Moisés después de rescatar a Su pueblo de la esclavitud en Egipto (Ex. 20:14). Es más, la ley del Antiguo Testamento dictaba que si un hombre y una mujer eran sorprendidos en adulterio, ambos debían ser ejecutados (Deut. 22:22; Lev. 20:10). Llama la atención que los líderes religiosos no trajeron al hombre en cuestión. Parecen más ansiosos por juzgar a la mujer. Sin embargo, están más ansiosos aún por juzgar a Jesús. Como explica Juan: «Decían esto, poniendo a prueba a Jesús, para tener de qué acusarlo» (Juan 8:6). Si Jesús permite que esta mujer quede libre, irá en contra de la ley judía. Pero si afirma que debe ser apedreada, se arriesga a enemistar a los romanos, los cuales se percibían como las autoridades legales en cuanto a la ejecución de sus súbditos judíos. Jesús no tiene ninguna motivación de evitar el arresto. Sabe que se dirige a la cruz. Pero aprovecha la oportunidad para enseñar a las personas y proteger a la mujer.

Antes de responderles a los escribas y fariseos, Jesús «se inclinó y con el dedo escribía en la tierra» (v. 6). No sabemos exactamente qué significa esto. Se han sugerido varias teorías. Tal vez Jesús está escribiendo el veredicto sobre la tierra. Quizás incluso está evocando la prueba de la esposa infiel prescrita en el Antiguo Testamento, según la cual se mezclaba polvo del suelo del tabernáculo (el antecesor del templo) con agua para que la mujer bebiera como medio de juicio o absolución divinos (Núm. 5:11-29). Tal vez Jesús simplemente les está mostrando que no tiene ningún tipo de temor de lo que los escribas y fariseos puedan hacerle. Sin embargo, ellos le siguen preguntando qué deberían hacer.

Finalmente, Jesús se levanta y dice: «El que de ustedes esté sin pecado, sea el primero en tirarle una piedra» (Juan 8:7). Después, sigue escribiendo en el suelo. Cuando los escribas y los fariseos escuchan Sus palabras, «se [van] retirando uno a uno comenzando por los de mayor edad, y [dejan] solo a Jesús y a la mujer que estaba en medio» (v. 9). Cuando Jesús por fin se levanta, dice: «Mujer, ¿dónde están ellos? ¿Ninguno te ha condenado?». Ella responde: «Ninguno, Señor» (v. 10). Esta es la tercera vez que Jesús llama a alguien «mujer» en Juan.

La primera fue su madre, en la boda en Caná (Juan 2:4). La segunda fue la samaritana junto al pozo (Juan 4:21). No es un término despectivo. Después, Jesús le dice a esta mujer, sorprendida en adulterio, humillada y temerosa por su vida: «Yo tampoco te condeno. Vete; y desde ahora no peques más» (Juan 8:11).

¿Cómo vemos a Jesús a través de los ojos de esta mujer? Lo vemos como el único hombre con derecho a juzgarla, pero que en cambio decide dejarla ir. Lo vemos como Aquel que perdonó su pecado y le salvó la vida. Lo vemos como el que mostró que ella no estaba en una categoría diferente de la de los líderes religiosos engreídos, sino que cada persona parada allí era culpable de pecado sexual… excepto Jesús.

Algunos piensan que esta historia le quita peso al pecado sexual. No es así. Jesús se tomaba el adulterio con mucha seriedad. Pero en vez de mirar solamente las acciones, miraba también el corazón. En Su famoso Sermón del Monte, en el Evangelio de Mateo, Jesús declaró:

Ustedes han oído que se dijo: «No cometerás adulterio». Pero Yo les digo que todo el que mire a una mujer para codiciarla ya cometió adulterio con ella en su corazón. (Mat. 5:27-28)

Jesús no afloja la ley en cuanto al adulterio; la ajusta. Según Él, el pecado sexual es de suma seriedad. Sigue diciendo:

Si tu ojo derecho te hace pecar, arráncalo y tíralo; porque te es mejor que se pierda uno de tus miembros, y no que todo tu cuerpo sea arrojado al infierno. Y si tu mano derecha te hace pecar, córtala y tírala; porque te es mejor que se pierda uno de tus miembros, y no que todo tu cuerpo vaya al infierno. (vv. 29-30).

Pero, en lugar de dividir la línea entre la mujer que fue sorprendida en el acto de adulterio y los hombres que estaban listos para apedrearla, Jesús aplica este principio y traza una línea divisoria que coloca tanto a la mujer adúltera como a sus acusadores del lado equivocado de la ley. Solo Jesús tiene derecho a condenarla; pero, en cambio, la perdona.

El video de la canción de Adele «Hello» cuenta una historia visual de una relación romántica rota que acompaña la letra de la canción. Pero, en entrevistas, Adele ha dicho que, en realidad, la canción se trata de superar su sentido de culpa y reconectarse con todos… especialmente, con ella misma. En Occidente en el siglo XXI, solemos percibir la culpa como una sensación malsana de la que hay que despojarse, y perdonarnos a nosotros mismos parece más importante que buscar el perdón de los demás. Pero Jesús no minimiza nuestra culpa. Nos la quita. Hoy, hablamos de perdonarnos a nosotros mismos y aprender a amarnos. Pero si nos concentramos en eso, nos arriesgamos a perdernos el perdón y el amor que Jesús nos ofrece. No es demasiado tarde para pedir perdón. No hace falta que lo llamemos mil veces. Él nos recibe con brazos abiertos.

PREGUNTAS DE DEBATE

Para comenzar: Cuando eras pequeño, ¿seguías las reglas o te rebelabas? Comparte algún ejemplo de tu infancia.

1. ¿Cómo veía la gente de la época del Nuevo Testamento a las prostitutas?

2. ¿Qué similitudes y diferencias ves entre la historia de María de Betania cuando ungió a Jesús y la de la mujer pecadora que también lo ungió? ¿De qué manera esta comparación provee una imagen más plena de quién es Jesús?

3. Lee 1 Pedro 2:22. A la luz de este versículo, ¿qué tiene de irónico lo que Jesús dice respecto a «el que de ustedes esté sin pecado, sea el primero en tirarle una piedra» en Juan 8:7?

4. ¿Qué similitudes notas en las maneras en que Jesús responde a cada una de las mujeres pecadoras en este capítulo?

5. ¿A quién ves como moralmente desahuciado o fuera del alcance del reino de Dios? ¿Cómo confronta Jesús esa idea?

6. ¿Sueles comparar tu pecado con el pecado de los demás? ¿Esa comparación te da un falso sentido de seguridad de que tu pecado no es demasiado malo, o te lleva a desesperarte por la profundidad de tu pecado?

7. ¿Cómo influyen las historias de perdón de este capítulo en tu manera de responder a tu propio pecado?

8. ¿Cómo ves a Jesús de manera más significativa a través de los ojos de estas mujeres?

Para profundizar: Lee Lucas 7:36-50.

1. Enumera las maneras en que la mujer pecadora toca a Jesús. ¿Cómo rompe Jesús las expectativas con Su respuesta?

2. ¿De qué maneras se contrasta a la mujer pecadora con Simón el fariseo? ¿Qué revela esta yuxtaposición sobre lo que significa amar y servir a Jesús?

3. ¿Qué estaba diciendo Jesús sobre sí mismo cuando le dijo a la mujer que sus pecados eran perdonados (ver Mar. 2:7)?

CAPÍTULO 6

VIDA

LA ÚLTIMA PELÍCULA que vimos con mi esposo se llama *Alerta roja*. Es una película sonsa y divertida sobre unos ladrones de arte que intentan robar tres huevos embellecidos con joyas que supuestamente el general Marco Antonio le regaló a Cleopatra hace 2000 años. Temprano en el filme, uno de los personajes principales (interpretado por Dwayne Johnson, «la Roca») alerta a un museo de arte en Roma que el huevo que tienen exhibido puede haber sido robado. El director del museo no le cree. Cuando llegan a la sala de exposición, el huevo parece estar ahí como debe. Pero Johnson usa un sensor térmico para mostrar que no está generando la radiación correcta. El director alega que probablemente se trate de un error del sensor. Entonces, Johnson le quita una Coca a un niño y la derrama sobre la supuestamente invaluable pieza de metal de la antigüedad. El huevo se desintegra.

Sin la resurrección corporal de Jesús, la fe cristiana queda tan muerta y sepultada como el cuerpo de Jesús aquel primer domingo. La declaración asombrosa que escuchó por primera vez Su madre, María, de que Jesús es el Rey eterno de Dios, se derrumba. No hay ninguna verdad ni esperanza ni vida en el cristianismo si Jesús no resucitó. Algunos eruditos, como Bart Ehrman, argumentan que, cuando examinamos los cuatro relatos de los Evangelios sobre la muerte y la resurrección de Jesús, la afirmación de la resurrección se desintegra ante nuestros ojos, como el huevo bautizado con Coca. Pero, como veremos en este capítulo, si miramos más de cerca en los pasajes de los Evangelios, descubriremos lo opuesto: no evidencia de algo falso, sino señales de autenticidad. Una de las señales es que los cuatro Evangelios nos invitan a ver la muerte y la resurrección de Jesús a través de los ojos de mujeres.

DEL VIENTRE A LA TUMBA

Un día, a la hora de dormir, cuando mi hija Eliza tenía cinco años, me abrazó por el cuello y preguntó: «Mami, ¿me abrazarás cuando esté muriendo?». «Sí, mi amor», respondí. Gracias a Dios, es mucho más probable que ella me abrace a mí cuando muera. Ver morir a tu hijo es una posibilidad horrenda. Si —Dios no lo permita— ella muriera primero, espero poder sostenerla en mis brazos. Pero aun si muere en la ancianidad, cuando haga mucho tiempo que yo ya no esté, Eliza tal vez me llame. Hace poco, me enteré de que los ancianos suelen llamar a sus madres cuando están muriendo, volviendo a una necesidad infantil de consuelo.

Cuando estaba a punto de morir, Jesús también llamó a Su madre. Pero no para que ella pudiera cuidarlo. Más bien, para poder cuidarla a ella. Juan escribe:

Y cuando Jesús vio a Su madre, y al discípulo a quien Él amaba que estaba allí cerca, dijo a Su madre: «¡Mujer, ahí está tu hijo!». Después dijo al discípulo: «¡Ahí está tu madre!». Y desde aquella hora el discípulo la recibió en su propia casa. (Juan 19:26-27)

El discípulo a quien Jesús amaba es la manera en que Juan se refiere a sí mismo. Sabemos que el medio hermano de Jesús, Jacobo, se transformó en un líder de la iglesia primitiva. Pero durante Su vida sobre la tierra, Sus hermanos biológicos no parecieron entender Su misión. Tal vez es por eso que Jesús confía a Su madre al cuidado de un discípulo amado. Así como se interesó por la viuda de Naín, también se interesa por su propia madre. María fue la primera en saber quién era Jesús. Lo cuidó durante Su infancia. Pero cuando María levanta la mirada y ve a su hijo sobre la cruz —soportando una agonía inimaginable—, descubre lo que todos descubriremos si levantamos la mirada a Él: que Jesús es el que se interesa realmente por nosotros.

OTRAS MUJERES EN LA CRUZ

Nos resulta difícil captar lo que significaba la crucifixión en el primer siglo. En su obra maestra de 2019, *Dominio: Cómo el cristianismo dio forma a Occidente*, el historiador británico Tom Holland intenta ayudarnos a entender. Era el «peor fin imaginable»; un castigo diseñado para esclavos, para maximizar su tortura y humillación. «Tan atroz era su muerte, convertidos en apestosa carroña, que muchos se sentían mancillados por el mero hecho de presenciar una crucifixión», explica Holland.[1] Sin embargo, los cuatro Evangelios del Nuevo Testamento destacan a las mujeres que deliberadamente decidieron presenciar la muerte de Jesús.

En la ley judía, se requerían dos o tres testigos cuando a alguien se lo acusaba de un crimen (Deut. 19:15). Este principio afectaba otras áreas de la vida, así que Mateo, Marcos y Juan nombran a tres mujeres en particular que observaron la crucifixión.[2] Marcos informa:

1. Holland, *Dominio*, 7-8.
2. Bauckham, *Jesus and the Eyewitnesses*, 49.

Había también unas mujeres mirando de lejos, entre las que estaban María Magdalena, María, la madre de Jacobo el menor y de José, y Salomé, las cuales cuando Jesús estaba en Galilea, lo seguían y le servían; y había muchas otras que habían subido con Él a Jerusalén. (Mar. 15:40-41)

Como veremos, María Magdalena juega un rol central a lo largo de los Evangelios en cuanto al testimonio de la resurrección de Jesús. Mateo, Marcos y Juan también la mencionan en la crucifixión. El segundo testigo de Marcos es otra María, cuyos hijos Jacobo y José probablemente eran muy conocidos en la iglesia primitiva.[3] Tercero, Marcos cita a una mujer llamada Salomé. Salomé era el segundo nombre más común entre las mujeres judías de esa época y lugar.[4] Pero el nombre de Salomé aparece solo, sugiriendo que los primeros lectores de Marcos habrían oído sobre ella, y que no había otra Salomé entre los discípulos más conocidos de Jesús.

3. De manera similar, Bauckham argumenta que a Simón de Cirene, al cual Marcos nombra más temprano en su relato como alguien al cual arrastraron para llevar la cruz de Jesús, se lo llama «padre de Alejandro y Rufo» (Mar. 15:21), probablemente porque a sus hijos se los conocía en la iglesia primitiva y Marcos está apelando a su testimonio respecto de lo que vio su padre. Ver Bauckham, *Jesus and the Eyewitnesses*, 52.

4. Bauckham, *Jesus and the Eyewitnesses*, 85.

Mateo cita a las mismas dos mujeres primero, como Marcos. Pero en vez de Salomé, su tercer testigo ocular es «la madre de los hijos de Zebedeo» (Mat. 27:56). Como vimos en el capítulo 3, esta mujer aparece únicamente en Mateo y su presencia en la cruz redime su intento equivocado de obtener lugares especiales para sus hijos en el reino de Jesús. Lucas —que presentó a María Magdalena, Juana y Susana como algunas de las muchas mujeres que seguían a Jesús mucho más temprano en su Evangelio—, sencillamente nos dice que «las mujeres que lo habían acompañado desde Galilea, estaban a cierta distancia viendo estas cosas» (Luc. 23:49). Estas mujeres conocían íntimamente a Jesús. Lo habían seguido durante años. Cuando Él iba por las ciudades y los pueblos proclamando el reino de Dios, habían estado con Él. Lo habían visto sanar y enseñar y echar fuera demonios. Ahora, lo veían clavado a una cruz: aniquilado ante la mirada pública.

Juan es el único Evangelista que afirma haber presenciado la crucifixión de Jesús. Pero, al igual que Mateo y Marcos, también registra a tres testigos femeninos, y todas se llaman María: «Y junto a la cruz de Jesús estaban Su madre, y la hermana de Su madre, María, la mujer de Cleofas, y María Magdalena» (Juan 19:25). A diferencia de las otras dos Marías en la lista de Juan, María la mujer de Cleofas no es un nombre reconocido para nosotros.[5] Pero los escritos cristianos antiguos hacen referencia a una pareja llamada María y Cleofas (que no era un nombre común), como padres de un hombre llamado Simón, que era un líder fundamental en la iglesia primitiva. Cleofas era hermano del padre adoptivo de Jesús, José; por eso Juan llama a su esposa, María, la hermana de la madre de Jesús. Entonces, esta María probablemente también era conocida para la primera audiencia de Juan.[6]

¿Cómo vemos a Jesús a través de los ojos de las muchas mujeres que observaron la crucifixión, algunas de las cuales habían estado con Él desde Galilea y le habían ministrado, y otras que habían subido con Él a Jerusalén? Lo vemos como Aquel al que aman, quebrantado y traspasado, escarnecido y despreciado. Vemos el cartel sobre Su cabeza, que dice: «ESTE ES JESÚS, EL REY DE LOS JUDÍOS» (Mat. 27:37). Lo vemos como Aquel en el cual estaba depositada toda la fe que Dios les había dado, y ahora estaba clavado a una cruz romana. Lo vemos a través de sus lágrimas. Pero fundamentalmente, lo vemos a Él.

5. En el griego original, a la otra mujer que Juan menciona sencillamente se la llama «María de Cleofas», pero «esposa de» probablemente está implícito.

6. Richard Bauckham argumenta que el Cleofas al cual hace referencia Juan aquí es la misma persona que el Cleofas que Lucas nombra como uno de los dos discípulos que se encontraron con Jesús camino a Emaús (Luc. 24:18). Ver Bauckham, *Gospel Women*, 208-9.

En la mayoría de este libro, al mirar a través de los ojos de las mujeres, vimos a Jesús como un héroe. Lo vimos como un maestro y un sanador y el tan esperado Rey: Aquel que llama a los muertos de sus tumbas y que otorga el perdón divino a los pecadores. Pero aquí, lo vemos como el que sufrió un horroroso tormento y una muerte atroz. Lo vemos como una víctima del poder de Roma. En este momento, no lo vemos como el Señor universal, sino como un aparente fracaso. Para ver quién es realmente Jesús, es vital que lo miremos sobre la cruz, como lo vieron María Magdalena, María la esposa de Cleofas, María la madre de Jacobo y José, María Su propia madre, Salomé y la madre de los hijos de Zebedeo aquel día. Pero el rol de las mujeres como testigos oculares no terminó ahí. Debemos seguir mirando a través de sus ojos.

TESTIGOS DE LA SEPULTURA DE JESÚS

Es fácil pasar por alto la sepultura de Jesús como una ladera poco importante en medio de dos grandes cumbres. Pero los autores de los Evangelios se toman el tiempo para documentar a sus testigos oculares. Una vez más, se nombra a muchas mujeres. Esto es especialmente notable, ya que los cuatro Evangelistas también citan a un testigo mucho más impresionante en este momento. Marcos nos dice que «vino José de Arimatea, miembro prominente del Concilio, que también esperaba el reino de Dios; y llenándose de valor, entró adonde estaba Pilato y le pidió el cuerpo de Jesús» (Mar. 15:43). Cuando le otorgaron el cuerpo, «compró un lienzo de lino, y bajando el cuerpo [de Jesús] de la cruz, lo envolvió en el lienzo de lino y lo puso en un sepulcro que había sido excavado en la roca» (v. 46). El Evangelio de Juan añade un segundo testigo masculino en este momento: un líder de los fariseos llamado Nicodemo (Juan 19:39), cuya historia de haber visitado a Jesús de noche se narra anteriormente (Juan 3:1-15). El testimonio de estos hombres poderosos tendría mucho más peso que el de las seguidoras de Jesús. Pero Mateo, Marcos y Lucas señalan a las mujeres que están ahí cuando sepultan a Jesús. Es vital que las mujeres conozcan la tumba de Jesús porque, de lo contrario, la fuerza de encontrarla vacía aquella primera mañana de Pascua se perdería.

Marcos nos dice que «María Magdalena y María, la madre de José, miraban para saber dónde lo ponían [a Jesús]» (Mar. 15:47). De manera similar, Mateo nos dice que, cuando se sella la entrada a la tumba de Jesús con una roca, María Magdalena y la otra María (la madre de Jacobo y José) estaban ahí, sentadas frente al sepulcro (Mat. 27:61). Notablemente, tanto Mateo como Marcos dejan afuera a la tercera testigo que nombran en su relato de la crucifixión al hablar de la sepultura de Jesús, quizás porque Susana y la madre de los hijos de Zebedeo no estaban presentes. Mateo también añade que había un guardia a la puerta de la tumba de Jesús para redoblar la seguridad (vv. 62-66). Una vez más, Lucas es más general, pero se asegura de que sepamos que las discípulas de Jesús observaron Su sepultura: «Y las mujeres que habían venido con Jesús desde Galilea siguieron detrás, y vieron el sepulcro y cómo fue colocado Su cuerpo» (Luc. 23:55).

¿Cómo vemos a Jesús a través de los ojos de estas mujeres cuando lo sepultan? Vemos a Aquel que dio vida a la hija de Jairo, al hijo de la viuda de Naín y al hermano de María y Marta, ahora él mismo yaciendo muerto. Vemos al que podía llamar a las personas a salir de sus tumbas, ahora Él mismo en una tumba. Vemos al que ordenó que quitaran la piedra de la tumba de Lázaro, ahora con una piedra que cerraba Su propia tumba. Vemos a Aquel que le declaró a Marta que era la resurrección y la vida, ahora muerto y frío. Aún así, las mujeres se quedaron con Él. La pregunta es: ¿quiénes volvieron a la tumba de Jesús aquel domingo por la mañana, y qué vieron exactamente?

TESTIGOS DE LA RESURRECCIÓN

Los cuatro Evangelios nos dicen que temprano el primer día de la semana, las mujeres van a la tumba de Jesús, y los cuatro Evangelios citan que María Magdalena estaba ahí. Pero cada Evangelio ofrece una lista algo diferente de otros nombres. Ehrman señala estas listas diferentes como evidencia de una contradicción en los relatos. «¿Quién fue a la tumba?», pregunta.

¿Estaba María sola (Juan 20:1)? ¿María y otra María? (Mat. 28:1)? ¿María Magdalena, María la madre de Jacobo, y Salomé (Marcos 16:1)? ¿O mujeres que habían acompañado a Jesús desde Galilea a Jerusalén; posiblemente, María Magdalena, Juana, María la madre de Jacobo, y otras mujeres (Luc. 24:1; ver 23:55)?[7]

A primera vista, estas discrepancias parecen preocupantes. Pero como explica Bauckham, no lo son:

Las divergencias entre las listas a menudo se han tomado como base para no tomarlas en serio como evidencia de testigos oculares de los sucesos [la muerte, la sepultura y la resurrección de Jesús]. De hecho, lo opuesto es verdad: estas divergencias, entendidas adecuadamente, demuestran el *cuidado* escrupuloso con el cual los Evangelios presentan a las mujeres como testigos.[8]

7. Bart Ehrman, *Jesus Interrupted: Revealing The Hidden Contradictions In The Bible (And Why We Don't Know About Them)* (Nueva York: Harper-Collins, 2009), 47.
8. Bauckham, *Jesus and the Eyewitnesses*, 49.

Bauckham argumenta que, lejos de estar confundidos, los Evangelistas «se cuidaron de nombrar precisamente a las mujeres que eran bien conocidas para ellos como testigos».[9] Es más, mientras que Ehrman observa que el Evangelio de Juan nombra solo a María Magdalena, no destaca en su resumen que el Evangelio de Juan también deja en claro que María Magdalena *no* estaba sola. Cuando ella va a informarles a Pedro y a Juan, habla como representante de un grupo: «Se han llevado al Señor del sepulcro, y no sabemos dónde lo han puesto» (Juan 20:2). La crítica de Ehrman sobre la base de las listas diferentes de nombres no tiene sentido. Pero ¿y qué hay de las diferencias entre cada relato de los Evangelios de lo que las mujeres vieron? ¿Acaso esto, pregunta Ehrman, no es evidencia de que no se puede confiar en los relatos? No lo creo.

El primer desafío aparece en el Evangelio de Marcos. Aquí dice que las mujeres se preguntan quién les moverá la pesada piedra de la tumba de Jesús. Pero, cuando llegan, descubren que su problema se ha solucionado:

Cuando levantaron los ojos, vieron que la piedra, aunque era sumamente grande, había sido removida. Entrando en el sepulcro, vieron a un joven sentado al lado derecho, vestido con ropaje blanco; y ellas se asustaron. Pero él les dijo: «No se asusten; ustedes

9. Bauckham, *Jesus and the Eyewitnesses*, 51.

buscan a Jesús el Nazareno, el que fue crucificado. Ha resucitado, no está aquí; miren el lugar donde lo pusieron. Pero vayan, digan a Sus discípulos y a Pedro: "Él va delante de ustedes a Galilea; allí lo verán, tal como les dijo"». Y saliendo ellas, huyeron del sepulcro, porque un gran temblor y espanto se había apoderado de ellas; y no dijeron nada a nadie porque tenían miedo. (Mar. 16:4-8)

Este es probablemente el final original del Evangelio de Marcos. Si abres una Biblia moderna, encontrarás otros versículos adicionales con una nota que dice: «Algunos de los manuscritos más antiguos no incluyen 16:9-20». En vez de dejarnos con un moño bien atado y prolijo, el primer Evangelio que se escribió termina con algo más parecido a un nudo deshilachado. Pero esto no nos puede llevar a la conclusión de que la resurrección fue un invento posterior. El inquietante hombre de blanco en Marcos dice sobre Jesús de Nazaret: «Ha resucitado, no está aquí», y les promete a las mujeres que volverán a ver a Jesús, tal como Él les dijo (vv. 6-7).

¿Qué me dices de la reacción de las mujeres? A diferencia de los demás autores de los Evangelios, Marcos nos dice que las mujeres «no dijeron nada a nadie porque tenían miedo» (v. 8). Pero Marcos no puede querer decir que nunca le dijeron nada a nadie; de lo contrario, ¡esta escena no podría estar incluida en este Evangelio!

Por cierto, este final del Evangelio de Marcos en sí es evidencia de que las mujeres *sí* le dijeron a Pedro, como se les había mandado, y Pedro se aseguró de que el testimonio de ellas se incluyera en el Evangelio escrito para él por Marcos. Bauckham argumenta que, cuando Marcos nos dice que las mujeres «no dijeron nada a nadie», no quiere decir que no siguieran la instrucción del ángel de decirles a los apóstoles de Jesús, sino que no esparcieron la noticia entre la gente en general. Es más, Bauckham sugiere que Marcos no está representando a las mujeres como cobardes, sino precisamente como afectadas por una reacción correcta ante esta noticia extraordinaria.[10]

La realidad de la resurrección de Jesús es bastante aterradora. A nosotros nos resbala porque estamos acostumbrados a la idea. Pero encontrar la tumba de Jesús vacía y que te digan que resucitó de los muertos habría dejado a estas mujeres temblando en sus sandalias; tal como cuando Jesús calmó una tormenta con Sus palabras y Sus discípulos «se llenaron de gran temor», y preguntaron: «¿Quién, pues, es Este que aun el viento y el mar le obedecen?» (Mar. 4:41). La resurrección prueba que Jesús conquistó la muerte y que es el Rey eterno, universal y victorioso de Dios. ¡Con razón las mujeres tenían miedo!

¿Qué hay de las diferencias en los distintos relatos de los Evangelios sobre lo que vieron y escucharon las

10. Bauckham, *Gospel Women*, 290.

mujeres? El texto de Lucas es similar al de Marcos. Pero, en vez de un hombre de blanco, Lucas nos dice que estas mujeres se encontraron con «dos varones en vestiduras resplandecientes», que les dicen que Jesús ha resucitado, tal como prometió (Luc. 24:1-7). ¿Acaso Lucas está contradiciendo a Marcos al decir que había dos hombres en vez de uno? No. En este relato de la resurrección, Marcos concentra nuestra atención en un hombre, que les habla a las mujeres, tal como Juan concentra nuestra atención en María Magdalena, a pesar de que claramente hay otras mujeres en el grupo.[11] Hoy en día, también hacemos cosas como esta. Hace poco, le envié un correo electrónico a mi pastor, Curtis, para preguntarle si mi mejor amiga Rachel y yo podíamos grabar un *podcast* en el edificio de la iglesia. Curtis nos conoce bien a Rachel y a mí. Me respondió: «¡Por supuesto!». Cuando lo vi más tarde ese mismo día, me preguntó por el pódcast y se sorprendió al descubrir que Rachel y yo habíamos sido entrevistadas en persona por la anfitriona del pódcast, que estaba en la ciudad ese día. En el correo, no había mencionado a la anfitriona —a pesar de que su presencia era la razón de la grabación—, porque ese detalle no era relevante para mi pedido. De la misma manera, los autores de los Evangelios a menudo

---

11. Es típico de Marcos ofrecer un relato más condensado. Por ejemplo, cuando Marcos cuenta la historia de cómo Jesús sanó a un ciego llamado Bartimeo, solo menciona a un ciego (Mar. 10:46-52), mientras que Mateo hace referencia a dos (Mat. 20:29-34).

simplifican una escena dejando afuera a las figuras que no son vitales para lo que quieren destacar.

Los Evangelistas también dejan afuera muchos sucesos aparentemente significativos, ya que condensan la vida, la muerte y la resurrección de Jesús en libros que se pueden leer entre una hora y media y dos horas y media. Por ejemplo, Mateo es el único Evangelista que registra que hubieran puesto un guardia junto a la tumba de Jesús, y habla de lo que sucedió justo antes de que llegaran las mujeres:

Pasado el día de reposo, al amanecer del primer día de la semana, María Magdalena y la otra María vinieron a ver el sepulcro. Y se produjo un gran terremoto, porque un ángel del Señor descendiendo del cielo, y acercándose, removió la piedra y se sentó sobre ella. Su aspecto era como un relámpago, y su vestidura blanca como la nieve; y de miedo a él los guardias temblaron y se quedaron como muertos. Hablando el ángel, dijo a las mujeres: «Ustedes, no teman; porque yo sé que buscan a Jesús, el que fue crucificado. No está aquí, porque ha resucitado, tal como Él dijo. Vengan, vean el lugar donde estaba puesto. Vayan pronto, y digan a Sus discípulos que Él ha resucitado de entre los muertos; y Él va delante de ustedes a Galilea; allí lo verán. Miren, se los he dicho».

Y ellas, alejándose a toda prisa del sepulcro con temor y gran gozo, corrieron a dar las noticias a los discípulos. (Mat. 28:1-8)

Mateo identifica a la figura aterradora que habla con las mujeres como un ángel del Señor. Pero eso no significa que le haya añadido alas al inquietante hombre de blanco del relato de Marcos. En la Biblia, aunque los ángeles casi siempre son aterradores, casi nunca se los describe con alas, y a veces se los confunde con humanos (ver Gén. 18:2–19:22).

A diferencia de Marcos y Lucas, pero al igual que Juan, Mateo también informa sobre un encuentro directo que las mujeres tienen con el mismísimo Jesús:

De repente Jesús les salió al encuentro, diciendo: «¡Saludos!». Y ellas, acercándose, abrazaron Sus pies y lo adoraron. Entonces Jesús les dijo: «No teman. Vayan, avisen a Mis hermanos que vayan a Galilea, y allí me verán». (Mat. 28:9-10)

Tal vez nos preguntemos cómo Lucas podría haber omitido este encuentro. Sin embargo, incluye otras apariencias posresurrección que Mateo no narra (Luc. 24:13-49). Cuando leemos los relatos de la resurrección en Mateo, Marcos y Lucas, vemos cómo los distintos Evangelistas toman diferentes decisiones respecto a la selección, el resumen y el énfasis de su material. Si lo pensamos, solemos hacer lo mismo.

A principios de diciembre, llegó un paquete a nuestra casa. Contenía un libro de fotografías. Mi hija Eliza me preguntó quién lo había enviado. «La abuela», le respondí. Eliza contestó: «La abuela no lo envió. Viene de alguien llamado Susan». «Sí, ya lo sé», le dije. «Susan, una amiga de la abuela, tomó las fotos que hay en el libro, y la abuela le compró el libro a Susan y le pidió que se lo enviara a Papá a nombre de la abuela». ¡Le llevó un buen rato a Eliza desenredar lo que sucedía! Mi afirmación original de que la abuela había enviado el libro era una versión simplificada de lo que había pasado, destacando lo que a mí me parecía que era la información más relevante. Pero la afirmación de Eliza de que, en realidad, Susan era la que había enviado el libro de fotos, y no la abuela, también era cierta.

Si los autores de los Evangelios respondieran a la pregunta de Eliza, Marcos habría ido al grano, como yo: «La abuela le envió un libro de fotos a Papá». Mateo tal vez nos habría contado un poco más: «Susan, una amiga de la abuela, envió un libro de fotos para Papá». Lucas quizás habría agregado más detalles: «La abuela le pagó a su amiga Susan, que es fotógrafa, para que le enviara un libro de fotos a Mamá, y así Mamá podría envolverlo para Papá y dárselo en Navidad». Juan probablemente habría dicho algo como: «A tu papá le encanta la fotografía. La abuela ama a tu papá. Este regalo muestra ese amor». Al igual que instantáneas de una obra de arte invaluable desde distintos ángulos, cada autor de los Evangelios nos provee una perspectiva única, tomada de relatos de testigos oculares a los cuales tenían acceso. Como explica Juan cerca del final de su Evangelio, su objetivo no es ser exhaustivo, sino persuasivo: «Y muchas otras señales hizo también Jesús en presencia de Sus discípulos, que no están escritas en este libro; pero estas se han escrito para que ustedes crean que Jesús es el Cristo, el Hijo de Dios; y para que al creer, tengan vida en Su nombre» (Juan 20:30-31). Entonces, ¿qué me dices del relato de Juan sobre la resurrección?

«HE VISTO AL SEÑOR»

Como tan a menudo en los Evangelios, Juan toma un camino diferente al de Mateo, Marcos y Lucas. Para empezar, concentra nuestra atención solamente en María Magdalena:

El primer día de la semana María Magdalena fue temprano al sepulcro, cuando todavía estaba oscuro, y vio que la piedra ya había sido quitada del sepulcro. Entonces corrió y fue adonde estaban Simón Pedro y el otro discípulo a quien Jesús amaba, y les dijo: «Se han llevado al Señor del sepulcro, y no sabemos dónde lo han puesto». Salieron, pues, Pedro y el otro discípulo, y fueron hacia el sepulcro. Los dos corrían juntos, pero el otro discípulo corrió más aprisa que Pedro, y llegó primero al sepulcro; e inclinándose para mirar adentro, vio las envolturas de lino puestas allí, pero no entró.

Entonces llegó también Simón Pedro tras él, entró al sepulcro, y vio las envolturas de lino puestas allí, y el sudario que había estado sobre la cabeza de Jesús, no puesto con las envolturas de lino, sino enrollado en un lugar aparte. También entró el otro discípulo, el que había llegado primero al sepulcro, y vio y creyó. Porque todavía no habían entendido la Escritura de que Jesús debía resucitar de entre los muertos. Los discípulos entonces se fueron de nuevo a sus casas. (Juan 20:1-10)

Al principio, tal vez pensemos que Juan está aguando el rol que cumplieron las mujeres y llamando la atención sobre él y sobre Pedro. Lucas también menciona la visita de Pedro a la tumba, después de haber escuchado el informe de las mujeres (Luc. 24:12). Así que destacar el rol de Pedro no era nada nuevo. Pero, cuando seguimos leyendo en Juan, descubrimos que enfatiza más a María Magdalena que los demás Evangelistas.

Primero, vemos el encuentro de María con los ángeles: «Pero María estaba fuera, llorando junto al sepulcro;

y mientras lloraba, se inclinó y miró dentro del sepulcro; y vio dos ángeles vestidos de blanco, sentados donde había estado el cuerpo de Jesús, uno a la cabecera y otro a los pies» (Juan 20:11-12). Pero en vez de informar sobre el mensaje que los ángeles les dieron a las mujeres, Juan registra una pregunta que le hacen a María: «Mujer, ¿por qué lloras?». Ella responde: «Porque se han llevado a mi Señor, y no sé dónde lo han puesto» (v. 13). María está de duelo y desconcertada. No solo crucificaron a su Señor, sino que Su cuerpo parece haber sido robado, y no puede prepararlo como esperaba.

¿Cómo vemos a Jesús a través de los ojos de María Magdalena en este momento? No lo vemos. Pero entonces, se da vuelta.

Al decir esto, se volvió y vio a Jesús que estaba allí, pero no sabía que era Jesús. «Mujer, ¿por qué lloras?», le dijo Jesús. «¿A quién buscas?». Ella, pensando que era el que cuidaba el huerto, le dijo: «Señor, si usted lo ha llevado, dígame dónde lo ha puesto, y yo me lo llevaré». «¡María!», le dijo Jesús. Ella, volviéndose, le dijo en hebreo: «¡Raboní!» (que quiere decir Maestro). (vv. 14-16)

Ante el sonido de su nombre tan común, los ojos llorosos de María son abiertos, y ve al Señor resucitado tal como es. María responde con una de las pocas palabras arameas en el Evangelio de Juan: «¡Raboní!», una variante de rabino. Saluda al Jesús resucitado con una palabra que habla de su condición de discípula. Por cierto, esta mujer llorosa es la discípula a la cual el Jesús resucitado se revela primero.

Mateo registra que María Magdalena y la otra María se aferraron a los pies de Jesús y lo adoraron (Mat. 28:9). Así que podríamos imaginarnos a María Magdalena aferrada a Sus pies mientras Jesús la envía en una misión:

Jesús le dijo: «Suéltame porque todavía no he subido al Padre; pero ve a Mis hermanos, y diles: "Subo a Mi Padre y Padre de ustedes, a Mi Dios y Dios de ustedes"». María Magdalena fue y anunció a los discípulos: «¡He visto al Señor!», y que Él le había dicho estas cosas. (Juan 20:17-18)

En una cultura donde a las mujeres se las solía silenciar, Jesús le encomienda a una discípula que anuncie Su resurrección a Sus discípulos varones. Notablemente, María Magdalena es la primera persona en el Evangelio de Juan en llamar a Jesús «el Señor».[12] La expresión se usó tres veces para referirse al Dios del pacto de

---

12. A Jesús lo llaman «Señor» muchas otras personas en el Evangelio de Juan antes de este punto (por ej., Juan 6:68; 8:11; 9:38; 11:3,12,21,27,32,39; 13:6,9,25,36-37; 14:5,8), pero no se hace referencia a Él como «el Señor».

Israel (Juan 1:23; 12:13,38) y dos veces por el autor de Juan para referirse a Jesús (Juan 6:23; 11:2). Pero ahora, en este momento de revelación, María les dice a los demás discípulos: «¡He visto al Señor!».

LAS MUJERES COMO TESTIGOS OCULARES

«Lo creeré cuando lo vea» es una de las frases favoritas de mi esposo. Es un seguidor de Jesús nacido de nuevo, pero en todos los demás aspectos, es un escéptico natural. Al igual que Bryan, los historiadores de la época de Jesús le daban muchísimo valor a la vista: «Lo creeré si lo viste» habría sido un lema adecuado para su comunidad. Sin duda, los Evangelistas tenían esto en mente cuando, en sus últimos capítulos, repetidamente hacen de las mujeres los sujetos del verbo ver. Como observa Bauckham:

[Las mujeres] «vieron» lo que pasaba cuando Jesús murió (Mat. 27:55; Mar. 15:40; Luc. 23:49), «vieron» cuando lo pusieron en la tumba (Mar. 15:47; Luc. 23:55), fueron el primer día de la semana para «ver» la tumba (Mat. 28:1), «vieron» la piedra que había sido quitada (Mar. 16:4), «vieron» al joven sentado del lado derecho (Mar. 16:5), y el ángel las invitó a «ver» el lugar vacío donde había yacido el cuerpo de Jesús (Mat. 28:6; Mar. 16:6).

«No podría ser más claro —concluye Bauckham— que los Evangelios están apelando a su función como testigos oculares».[13] A la luz de esto, el anuncio de María Magdalena: «¡He visto al Señor!», es doblemente significativo. Como una periodista de la era moderna con fotografías que respaldan su historia, ella se para como testigo ocular de la resurrección de Jesús, no solo ante los apóstoles, sino también ante el lector.

La realidad de que los cuatro Evangelios se apoyan en las mujeres para afirmar la resurrección apela a nosotros como lectores del siglo XXI. Pero, en el mundo grecorromano, habría tenido el efecto opuesto sobre los hombres eruditos. Como explica Bauckham: «los hombres educados pensaban que las mujeres eran ingenuas en cuestiones religiosas, y especialmente propensas a fantasías supersticiosas y prácticas religiosas excesivas».[14]

El filósofo griego del segundo siglo Celso expresó lo que muchos de sus contemporáneos habrían pensado, cuando apuntó a María Magdalena:

Después de la muerte, [Jesús] resucitó y mostró las marcas de Su castigo y cómo Sus manos habían sido traspasadas. Pero ¿quién vio esto? Una mujer

---

13. Bauckham, *Jesus and the Eyewitnesses*, 48.
14. Bauckham, *Gospel Women*, 270.

histérica, como se diría, y tal vez algún otro de los que estaban engañados por la misma hechicería.[15]

Desde la perspectiva de Celso, María Magdalena y las demás mujeres llorosas que presenciaron la supuesta resurrección de Jesús eran patéticas. Si los autores de los Evangelios hubieran estado inventando sus historias, podrían haber hecho que José de Arimatea y Nicodemo fueran los primeros testigos de la resurrección: dos hombres muy respetados y que participaron del entierro de Jesús. La única razón posible del énfasis sobre el testimonio de las mujeres —y, además, mujeres dolientes— es que realmente *fueron* testigos.

Al principio, incluso los apóstoles de Jesús se mostraron escépticos. Lucas nos dice: «Eran María Magdalena, y Juana, y María madre de Jacobo, y las demás con ellas, quienes dijeron estas cosas a los apóstoles. Mas a ellos les parecían locura las palabras de ellas, y no las creían» (Luc. 24:10-11, RVR1960). Estas mujeres habían viajado con Jesús a lo largo de Su ministerio. Seguramente tenían la confianza de Sus discípulos varones. Pero, como de costumbre, los Evangelistas preservan con fidelidad los fracasos más mortificantes de los apóstoles: desde la negación de Pedro de conocer a Jesús hasta la negativa de Tomás a creer que se había levantado de los muertos a

15. Orígenes, *Contra Celsum*, 2:55, citado en Bauckham, *Gospel Women*, 271.

menos que lo viera con sus propios ojos (Juan 20:24-29). Una vez más, si los autores de los Evangelios se hubieran sentido en libertad de inventar, sin duda ni se les habría ocurrido esta representación vergonzosa de los líderes principales de la iglesia primitiva. Pero los apóstoles parecen haber abrazado estos registros aleccionadores de sus grandes errores, ya que arrojaban luz sobre el gran triunfo de su Salvador.

Al igual que el filme *Alerta roja*, la historia de los Evangelios depende de una afirmación sobre algo que sucedió hace 2000 años. La premisa de *Alerta roja* es falsa. Hasta donde sabemos, Marco Antonio no le dio a Cleopatra tres huevos embellecidos con joyas. La película es una ficción divertida desde el principio hasta su final que deja abierta la puerta a una segunda parte. Pero los relatos de los Evangelios sobre la muerte, la sepultura y la resurrección son lo opuesto de algo falso. Por cierto, no se adaptan a lo que los autores del primer siglo habrían inventado por muchísimas razones. Nos ofrecen a un Mesías crucificado, cuya resurrección vieron primero unas mujeres dolientes, y cuanto más entendemos cómo se escribían las biografías en ese momento y lugar, más claro se hace que los Evangelistas nos están presentando un testimonio transformador, auténtico e inesperado de testigos oculares. Podemos decidir no creerlo. Pero, a diferencia de un huevo falso en la escena del museo, la afirmación de las mujeres de que vieron a

Jesús crucificado, sepultado y resucitado al tercer día no se desintegra ante las pruebas. Y, si es verdad, es mucho más valiosa que cualquier objeto antiguo. Es la fuente misma de la vida.

PREGUNTAS DE DEBATE

Para comenzar: ¿Hay algo que hayas presenciado que no creerías a menos que lo hubieras visto?

1. ¿Cómo cuida Jesús a Su madre mientras Él está muriendo sobre la cruz?
2. ¿Quiénes eran las mujeres que presenciaron la crucifixión de Jesús? ¿Qué sabemos sobre ellas?
3. ¿Qué sabes sobre María Magdalena de los capítulos anteriores? ¿De qué manera saber esto enriquece tu comprensión de su interacción con el Cristo resucitado?
4. ¿Por qué es poco convencional que los testigos oculares de la resurrección de Jesús fueran mujeres? ¿Qué revela su inclusión sobre la actitud de Jesús hacia ellas?
5. Lee Juan 10:27-28. A la luz de estos versículos, ¿en qué sentido la interacción de María Magdalena con el Cristo resucitado es una imagen de nuestra salvación?

6. ¿Qué situación en tu vida parece irremediable? ¿De qué manera ver la muerte, la sepultura y la resurrección de Cristo a través de los ojos de estas mujeres te da esperanza en medio de tu devastación?

7. Cuando María Magdalena vio al Cristo resucitado, lo reconoció como «el Señor». Al ver al Cristo resucitado a través de sus ojos, ¿quién dices que es? ¿Has reconocido a Jesús como el Señor?

8. ¿Cómo ves a Jesús de manera más significativa a través de los ojos de estas mujeres?

Para profundizar: Lee Juan 20:1-18.

1. ¿Cuántas veces se refiere este pasaje a María llorando? ¿Cómo enfatiza el pasaje su dolor transformado en gozo? ¿De qué manera esta transición representa la vida cristiana?

2. Después de ver al Cristo resucitado, María declara que ha «visto al Señor». ¿Cómo informan los versículos 9 y 16 nuestra comprensión de la capacidad de alguien para ver a Jesús correctamente?

3. ¿Cómo afirma Jesús a las mujeres como discípulas del Señor y testigos oculares confiables en el versículo 17?

CONCLUSIÓN

LOS EVANGELIOS DE LAS MARÍAS

EN EL SUPUESTO Evangelio de María, con el cual empezó este libro, Pedro le pide a María que comparta su revelación del Señor. María accede. Gran parte del texto hasta este punto se ha perdido, pero lo que permanece comunica un diálogo esotérico sobre el alma. Cuando María termina, Andrés responde: «Digan lo que quieran sobre lo que ella ha dicho, pero no creo que el Salvador haya dicho estas cosas, porque por cierto estas enseñanzas son ideas extrañas». Está claro lo que quería decir. El Jesús de la revelación de María no se parece prácticamente en nada al Jesús de los Evangelios. Pedro, por contraste, apoya su objeción en el sexo de María: «Entonces,

¿Él habló con una mujer en privado sin que nosotros lo supiéramos? ¿Acaso tenemos que escucharla? ¿La eligió por encima de nosotros?».[1] En esta representación de Pedro, vemos todas las posibilidades de un prejuicio contra las mujeres. Pero como ya vimos en el transcurso de este libro, no necesitamos el Evangelio de María para contrarrestar este prejuicio. Este machismo ficticio de Pedro se marchita a la luz de los Evangelios de Mateo, Marcos, Lucas y Juan.

El Pedro del Evangelio de María objeta que Jesús no habría hablado con una mujer en privado sin que los apóstoles lo supieran. Pero, como vimos en el capítulo 3, Jesús tuvo Su conversación privada más larga con una samaritana, mientras los discípulos varones estaban en otra parte. En respuesta al testimonio de María, el Pedro del Evangelio de María se queja: «¿Acaso tenemos que escucharla?». Pero, como vimos en el capítulo 6, los cuatro Evangelios del Nuevo Testamento muestran que a María Magdalena se le encomienda decirles a los apóstoles que Jesús resucitó de los muertos. El Pedro del Evangelio de María se queja: «¿La eligió por encima de nosotros?». Pero Mateo y Juan nos muestran al Jesús resucitado que se encuentra con María Magdalena. En el Evangelio de Juan en particular, está claro que Jesús

1. Citado de la traducción de Karen L. King en King, *Gospel of Mary Magdala*, 15–17.

podría haberse reunido con Pedro primero, cuando Pedro llegó corriendo a la tumba vacía. Sin embargo, Jesús decidió encontrarse primero con María Magdalena, y que ella y las demás mujeres transmitieran la noticia de Su resurrección a Pedro y el resto de los apóstoles. No obstante, lejos de que su revelación fuera un diálogo místico sobre el alma, María Magdalena informó sobre un encuentro concreto y de carne y hueso con su Señor resucitado.

Mirar a Jesús a través de los ojos de las mujeres puede parecer, en un principio, un proyecto inherentemente moderno. Pero en cuanto a la muerte y la resurrección de Jesús, es precisamente lo que los Evangelistas nos invitan a hacer. Lo que vemos a través de sus ojos no es a un Jesús alternativo, sino más bien a un Jesús auténtico, que recibe tanto a hombres como a mujeres como Sus discípulos, y el cual se aprecia mejor desde abajo. Las mujeres que llevaron su pecado, su vergüenza y su desesperada necesidad y se arrojaron a los pies de Jesús revelan cómo trataba el Señor a aquellos que los demás despreciaban. Las mujeres que se sentaron a los pies de Jesús a aprender de Él nos ayudan a reconocer a nuestro Maestro, el cual trae palabras de vida eterna. Las mujeres que se aferraron a los pies de Jesús la primera vez que lo vieron resucitado de los muertos nos ayudan a ver que es Señor del cielo y de la tierra incluso hoy.

El testimonio de las mujeres no está apenas añadido al final de los Evangelios, como algo secundario.

Está entretejido desde el principio. En la introducción, observé que si examináramos Mateo, Marcos, Lucas y Juan y elimináramos todas las escenas que *no* fueron presenciadas por mujeres, tan solo perderíamos una pequeña proporción de los textos. Pero si limitáramos nuestra visión más aún y solo conserváramos las partes de la vida de Jesús que fueron presenciadas por mujeres llamadas María, ¡perderíamos muy poco! Por cierto, podríamos llamar legítimamente a los cuatro relatos bíblicos de la vida de Jesús los Evangelios de las Marías, ya que han preservado testimonio para nosotros de al menos cinco Marías —la madre de Jesús, María Magdalena, María de Betania, María la esposa de Cleofas y María la madre de Jacobo y José—, cuyo conocimiento de Jesús se extendía desde Su concepción a Su resurrección.

Los Evangelios en nuestras Biblias son los Evangelios de las mujeres a las que Jesús amó. Cada uno de ellos lleva huellas femeninas. Mateo y Lucas son los Evangelios de María la madre de Jesús, la cual descubrió primero que Jesús es el Hijo de Dios y que sería el Rey eterno. Mateo es el Evangelio de la madre de los hijos de Zebedeo, quien siguió a Jesús hasta Su crucifixión, donde lo vio demostrar Su declaración de que entregaría Su vida en rescate por muchos. Mateo y Marcos son los Evangelios de María la madre de Jacobo y José, la cual presenció la muerte, la sepultura y la resurrección de Jesús, y de la mujer gentil cuya fe humilde llevó a la sanidad de su hija.

Marcos es el Evangelio de Salomé, la cual había estado con Jesús desde los primeros días en Galilea y había sido testigo de Su crucifixión y resurrección. Mateo, Marcos y Lucas son los Evangelios de la suegra de Pedro, que sirvió apenas fue sanada; de la mujer que había sangrado doce largos años, pero que se dijo: «Si tan solo toco Su manto, sanaré»; y de la niña de doce años, a la cual Jesús levantó de la muerte con la misma facilidad que si la hubiera despertado de un sueño.

Llamé a mi propio hijo Luke [Lucas], porque el Evangelio de Lucas tiene muchas huellas femeninas únicas. No solo es el Evangelio que nos da el testimonio de María sobre la concepción de Jesús y su increíble canción de alabanza a Dios, sino que también es el Evangelio de Elisabet, la cual reconoció al embrionario Jesús como su Señor, y de Ana, quien profetizó que el bebé Jesús había venido a redimir a Israel. Es el Evangelio de Marta de Betania, la cual recibió a Jesús en su casa, y de María de Betania, quien se sentó a los pies de Jesús y aprendió de Él. Es el Evangelio de Juana, la esposa de Chuza, la cual dejó la corte de Herodes para seguir a Jesús hasta la tumba vacía, y de Susana, cuya historia no conocemos, pero que era suficientemente conocida para los primeros lectores de Lucas como para no necesitar ninguna otra presentación. Es más, Lucas es el Evangelio de muchas mujeres que no se mencionan por nombre a las cuales Jesús ayudó y dignificó; como la mujer pecadora de la ciudad, la viuda de Naín y la mujer lisiada en la sinagoga.

Juan es el Evangelio de muchas mujeres cuyas historias no habríamos conocido de ninguna otra fuente: como la mujer samaritana junto al pozo, que bebió el agua viva y proclamó a su pueblo que Jesús es el Cristo; y María, la esposa de Cleofas, que vio a su sobrino clavado a una cruz. Pero también es el Evangelio que cuenta las historias de algunas mujeres que conocimos en los otros Evangelios. En Juan, Marta de Betania descubre que Jesús es la resurrección y la vida, y a María de Betania se la nombra como la mujer que derramó perfume sobre Sus pies. Y de modo conmovedor, en Juan, María la madre de Jesús no solo presencia cómo su hijo transforma el agua en vino, sino que también observa cuando Su vida es derramada en la cruz. Por cierto, en Juan vemos que Jesús forjó un lazo especial entre el autor del Evangelio y la madre del Señor desde la cruz. Por último, en Juan, vemos a María Magdalena, de la cual Lucas dice que Jesús había echado fuera siete demonios —y cuya presencia en la cruz y la tumba vacía aparece en los cuatro Evangelios—, transformarse en la persona a la cual Jesús le dice Sus primeras palabras después de resucitar.

¿Cómo vemos a Jesús a través de los ojos de estas mujeres? Lo vemos como Aquel que sana nuestras heridas y suple nuestras necesidades. Lo vemos como el que carga con nuestro pecado y nos recibe con un amor inimaginable. Lo vemos como Aquel que nos ve, aun cuando todos los demás nos den la espalda, y como el que nos recibe para aprender de Él y derramar nuestro magro amor sobre Sus pies. Lo vemos como el que es el Salvador del mundo, pero aún así nos conoce por nombre... incluso si respondemos al nombre más común de nuestra época. Lo vemos como Aquel que recoge nuestro corazón y cuerpo rotos en Sus brazos, y como el que tiene el poder de restaurarnos. Lo vemos como el que enfrentó el horror del juicio divino sobre la cruz, para poder mirarnos y llamarnos a vida eterna.

María de Nazaret fue la primera en escuchar sobre Jesús, incluso antes de que naciera de su vientre. María Magdalena fue la primera persona que lo vio después de que renaciera desde la tumba. Algunos han afirmado que el documento del segundo siglo que ahora se conoce como el Evangelio de María registra su testimonio más auténtico. En realidad, el mensaje más auténtico de María nos llega a través del documento del primer siglo conocido como el Evangelio de Juan, y es el siguiente: «¡He visto al Señor!» (Juan 20:18).

Miremos a Jesús a través de sus ojos hoy. No hay visión más hermosa.

PREGUNTAS DE DEBATE

1. ¿Cómo ha evolucionado tu perspectiva sobre los Evangelios del Nuevo Testamento al leer este libro?

2. ¿Qué cinco palabras usarías para describir a Jesús, a la luz de lo que has leído?

3. ¿Qué has aprendido sobre ti mismo como resultado de ver a Jesús a través de los ojos de las mujeres?

4. ¿Qué deberías cambiar de ahora en adelante a la luz de esta nueva comprensión?

5. ¿De qué manera vislumbrar a Jesús a través de estos testigos oculares te impulsa a adorar?

RECONOCIMIENTOS

NO TENGO NINGÚN escritor fantasma. Pero sí tengo muchos lectores fantasmas, y esta es mi oportunidad para sacarlos de las sombras y darles las gracias.

Justo antes de Navidad de 2021, le envié un borrador inicial a dos amigas muy diferentes: Christine Caine y Rachel Gilson. Como suele pasar cuando escribo un libro y nadie más lo ha leído, pensé que probablemente era horrible. Christine lo leyó entre el 23 y el 25 de diciembre y me envió una devolución invaluable y detallada por mensaje de texto. Rachel ni siquiera me dijo que lo estaba leyendo hasta que lo terminó, y después me envió su devolución toda junta, con la nota inimitable: «¡No te dije que lo estaba leyendo porque no quería que me fastidiaras!». Doy gracias por la mirada de las dos. Miraron el manuscrito desde ángulos algo distintos y transformaron este libro totalmente imperfecto en algo mucho mejor de lo que habría sido.

Mi segundo grupo de lectores fantasmas fue el de Julia Rosenbloom y Paige Brooks. Julia me dio consejos útiles desde su perspectiva judía, y Paige me ayudó a ver cómo podía resonar con una cristiana en crecimiento que es relativamente nueva en la lectura de la Biblia. Estas dos amigas se tragaron el manuscrito en un tiempo récord, porque sabían que necesitaba su opinión con rapidez. Estoy profundamente agradecida por su tiempo y su ayuda.

La tercera mirada que tuvo el libro fue mucho más experta que la mía. Nathan Riddlehoover y Christopher Cowan tienen doctorados en el Nuevo Testamento, y me enviaron muchas correcciones importantes. Los errores que quedaron son míos, ¡pero habría muchos más sin su colaboración!

Ivan Mesa, Joanna Kimbrel y Cassie Watson fueron los editores formales de este libro. Su tarea meticulosa captó varios errores y generó muchas mejoras. Doy gracias a ellos y a Joanna en particular por escribir las preguntas de discusión que acompañan el libro.

Doy gracias a Julius Kim y a Collin Hansen, de Coalición por el Evangelio, por permitirme una vez más escribir un libro a una velocidad vertiginosa; y a mi esposo Bryan y mis hijos Miranda, Eliza y Luke, por su amor y su apoyo sin límites.

Para mí, al menos, hace falta mucha ayuda para escribir un libro. Doy gracias por este gran equipo.